6.825

O PORTO

OPORTO'S EM VÁRIOS SENTIDOS

MANY SIDES

O rio é uma forma de aqui chegar. O fotógrafo não pode deixar de o ver. Mesmo depois de partir (o fotógrafo é um estrangeiro), levará consigo a lembrança destas águas que nasceram longe. A ponte é um enorme desenho de ferro. Está pousada em duas linhas, cada uma fiel ao seu caminho. O arco e os tabuleiros equilibram-se numa geometria de afectos. Sinal de uma heráldica a decifrar, aproximação física ao corpo da cidade.

The photographer cannot help but see the river as a form of arrival. Even after his departure (being from another country), he will take with him the memory of waters having a source far inland. The bridge: an enormous sketch in iron, built on two levels, each faithful to its own journey. The archway and roadways are balanced in an intimate geometry, creating a symbolic form to be deciphered, maybe even a physical representation of the city's body.

AGUSTINA

O PORTO BESSA-LUÍS
EM VÁRIOS SENTIDOS

FOTOGRAFIA DE
OPORTO'S NICOLAS SAPIEHA
MANY SIDES

TEXTOS DE
EDUARDO PAZ BARROSO

TEXTS TRANSLATED BY
RICHARD ZIMLER

Photographs by Nicolas Sapieha

QUETZAL EDITORES • LISBOA 1998

Do outro lado do rio, a cidade, ainda presa ao olhar. Os edifícios crescem segundo uma hierarquia silenciosa. O passado transparece através desta volumetria irregular. Do popular mercado da Ribeira, ascendemos até à imponência clerical. O Paço Episcopal do Porto data do século XVIII, foi uma concepção do arquitecto Nicolau Nasoni. Entre a vida do mercado, com os seus comércios e cheiros, e a imponência discreta do poder espiritual da Igreja, as habitações do bairro, com inumeráveis janelas, por detrás das quais se desdobra a vida comum com os seus infinitos mistérios.

From the other side of the river, the city as captured by a quick glance. The buildings grow according to a tacit hierarchy, and the past peeks through their irregular presences. From the marketplace of the Ribeira neighborhood we can climb up to the heights of religious splendor to Oporto's Bishop's Palace, which dates from the 18th century and which was designed by the architect Nicolau Nasoni. Between the vibrancy of the marketplace, with its buying and selling and jumble of scents, and the restrained magnificence of the Church, sit the neighborhood houses and their unending pattern of windows. Behind their curtains unfolds the infinite mystery of individual lives.

Uma massa de pedra,
é o que resta da muralha
medieval. Já não protege,
mas resiste. O presente é
aqui uma espécie de
exercício circular sobre as
ruínas. Alguns habitantes
partilham entre si o que
resta da tranquilidade
desta muralha, grande,
à sua maneira.

A great wall of stone is all
that remains of the city's
medieval battlements,
no longer offering any
protection, but enduring
just the same. Here, the
present forms itself into a
kind of structural maze atop
these ruins. And the
inhabitants share what
remains of the deep and
particular tranquility evoked
by this monolith of stone.

As janelas alinhadas.
Os sinos das igrejas.
Os mastros onde alguns
cônsules honorários
hasteiam as bandeiras dos
países que representam.
O rio continua a ser o
lugar a partir do qual tudo
isto é visível.
O fotógrafo ainda a bordo
da embarcação que o
trouxe, não se sabe de
onde, confunde-se com o
apelo destas coisas.

Windows brought into strict
formation; church bells;
poles where honorary
consuls raise the flags of the
countries they represent.
The river continues to be
the best place from which to
see all these sights. And the
photographer, still aboard
the boat which carried him
here (from where we do not
know), loses himself
in their allure.

8

Nota introdutória / Introduction

Os textos que acompanham as fotografias de modo algum pretendem substituir-se a um roteiro informativo. Constituem um comentário às fotografias de Nicolas Sapieha. Nesse sentido podem ser lidos quase como uma ficção e o fotógrafo surge neles como uma personagem a descobrir. Este é também um jogo, em que é permitido explorar os enredos da contradição. Uma chave, capaz de proporcionar um acesso quase privado ao Porto, ao que a cidade possui de menos evidente. Fragmentos, recordações pessoais e subjectivas, imagens cuja espessura é dada por um misto de orgulho e poder de observação, fazem esta antologia de lugares que apetece partilhar.

The captions which follow are not the kind you might find in a guide book. They offer commentaries on – and reactions to – the photographs taken by Nicolas Sapieha. In so doing, they can be read almost like a work of fiction, with the photographer appearing in them like a character whom we get to know. It's a game of sorts, one in which it's permissible to explore the intricacies of contradiction. Or a key affording entry to an almost private Oporto, to what is least obvious about the city.

A text made up of bits and pieces, personal and subjective recollections, images whose depth is a mixture of homage and careful observation. An anthology of places to be shared.

Eduardo Paz Barroso

A ternura feminina das colónias, o decantado travo das especiarias… Nicolas aproximou-se da mulher e decorou todos os nomes da rota que ela percorreu antes de chegar ao coração do Porto.

Tiles, showing a bit of the tender femininity of Portugal's colonies and the pungency of their spices. Nicolas approached the woman and memorized all the names along the route she took before reaching the very heart of Oporto.

O PORTO
EM VÁRIOS SENTIDOS

O Porto começa onde o rio acaba. Não há com certeza outra cidade que tivesse nascido duma maneira tão previsível. Não nasceu dum desejo sedentário ou duma manifestação de glória. Aconteceu como um punho que se abriu ao lento contacto dos dias; aos negócios, os vinhos perfumados, os contratos dos homens com as terras distantes. O que há de grandioso no Porto é conseguido pelo nevoeiro que levanta os edifícios como se os fosse atirar para as nuvens. Não é fidalgo nem dado a nenhuma intensidade de trato. Em 1412, D. Fernando proibiu que os nobres e pessoas de poder ficassem no Porto mais de três dias. Isto impedia que a corrupção, vinda de sugestões do luxo e da cultura, viesse minar as famílias do Porto, cativando os jovens para a aventura e as mulheres para amores curiosos. Daí que o Porto ficou sempre metido no seu capricho de independência, mais calado do que pregador de qualquer manifesto.

Começou com dois reinos paralelos: o mouro e o cristão. Nesse tempo, provavelmente havia um contacto familiar entre as populações e as casas mais levantadas, pelo que as artes, sobretudo a da poesia, foram valor até hoje reconhecido. Mas um golpe profundo na vida social foi desferido quando a carta régia de 6 de Março de 1390 voltou a lembrar a determinação real de 1355, de que tanto leigos como eclesiásticos só pudessem morar em certas zonas da cidade, sendo-lhes vedada hospedagem em casa de viúvas e mercadores ausentes por dever de profissão por longo tempo. Foi estabelecido como uso e costume da cidade que nela não morasse nenhum fidalgo, de nenhuma condição, nem aí fizesse demorada estadia, e «com o dito huso e costume se probou a dita Cidade». Quer dizer «se empobreceu», dando como certa a influência da cortesia, ainda que ao preço dos seus vícios.

O Porto cresceu, portanto, com um código próprio que se afirmou entre brigas e desaforos de burgueses e fidalgos. Esta questão prolongou-se tanto e tão duramente que nela se suspeitam razões de soberba que com o tempo se enraízam. Como os fidalgos tinham grandes haveres nas cercanias da cidade, queriam disso tirar pretexto para aí permanecerem mais do que os dias consentidos. Isto não comoveu a gente do Porto, que se manteve relutante. Os motivos eram encobertos, mas entendia-se que, como segundo centro de Portugal, a reunião das Cortes na cidade era muito escassa. Desde os meados do século XIII e até ao período da maior influência das Cortes, que o Porto não era muito contemplado com honras dessas. Daí que crescesse um animoso desdém de parte a parte, que se tenta iludir com vénias breves ou clamores a favor da verdade das coisas.

No entanto, todas as vezes que o Porto tem representação na cidade (e cidade é apenas, por direito, a capital), levanta-se esse formigueiro de irritação que é pouco menos do que atávico.

A gente do Porto está em harmonia com um sentimento moral que gira em volta do nome, da confidência e da palavra dada. Ainda hoje se lembram os contratos firmados apenas pela honra dos homens que os celebravam. Era mais de presumir um grande crime do que uma fraude. O crime pode significar um desvario, a fraude é um motim da personalidade; depressa se faz um hábito. Os mesteres tinham no Porto um território demarcado, um orago próprio e uma força hereditária que só foi suplantada pela sociedade por quotas. O pai deixava ao filho o formão e a clientela, o código administrativo com o cadeirão de couro e uma lista de famílias a quem prestava serviços. Era tão honroso ser lojista como doutor de leis. Um sabia de espiguilha e passamanaria e casimiras inglesas; outro de heranças e de arrendamentos. A exclusão da nobreza criava uma classe poderosa, com os seus privilégios e hierarquias, ligada pelo sentimento do trabalho que é uma prevenção das neurastenias. Os tanoeiros, os ourives, os mercadores e os lojistas representavam uma ordem de sensibilidades que se ajustavam aos prazeres da vida, o luxo, em suma. Abaixo desses estavam os mesteres mais obscuros, os ferrageiros que constituíram uma classe importante, tendo como território a Rua do Almada, onde o ruído da verguinha a ser descarregada era o seu hino próprio. Os chapeleiros, os luveiros e os alfaiates, os camiseiros, tinham no Porto uma identidade que equivalia a um título de pequena nobreza. Destacavam-se, sem dúvida, os exportadores de vinho fino que na Rua Ferreira Borges e na encosta de Gaia negociavam com o mundo inteiro, desde a Inglaterra até à Rússia de Catarina Petrova.

Nesta grande operação de trocas, de correspondências, de contratos muitas vezes praticados na ocasião e paralelos aos despachos políticos que se cruzavam sobre os campos de batalha, o vinho do Porto tomava conta de todos os espaços da cidade. Era uma Bolsa de valores dentro de cascos da Flandres. Era um estilo de vida confortado pelos vapores da fermentação da uva do Douro.

O Porto é a terminal do Douro. Provavelmente, dantes a sua fisionomia era idêntica aos socalcos da Régua e de Cima-Corgo. Nos tempos do célebre abade Mansilha, procurador do Marquês de Pombal, a cidade era ainda um arrabalde de quintas e hortas com minas de água, que rebentavam das pedreiras. Os jardins, onde floriu a japoneira e os brincos-de-princesa, foram talvez um legado poético dos árabes, vizinhos e nem sempre inimigos, da margem esquerda. Vila Nova d'El Rei, ou Vila Nova de Gaia, é de supor que tivesse melhores relações com a Corte do que o burgo portuense. Os gaienses foram equiparados a mouriscos, não se sabe se da sua antiga cultura de califato ou do entendimento com o poder real.

Infelizmente, esse traço urbanístico que privilegiava os parques e os vergéis de laranjais, não teve seguidores sérios na cidade. O abate de árvores, sob pretextos pouco fundamentados, a ausência de pracetas de bairro, o desleixo dos jardins públicos, fazem da cidade um bloco de pedra desbastado apenas pela ganância dos empreiteiros. A criação do recinto do Palácio de Cristal constituiu um parêntesis na dura ética da vereação quanto a lugares de lazer. É certo que os jardins e parques de todas as cidades do mundo se tornaram recursos de vadios e malfeitores. Mas a respiração das cidades sofre com a falta das suas árvores, e elas vão-se tornando monumentos quando dantes eram dom das musas e a última bênção da velhice. Há no Largo de Viriato um jacarandá cujos indícios de tristeza nos comovem. As cidades trabalhadoras não sentem nenhuma paixão por esses passeios debaixo das copas verdes. É como uma nódoa de tinta sobre o livro do deve-e-haver.

O prazer, no Porto, estava restrito aos bilhares, às praias do Foz e ao jogo em clubes para clientela de luxo que podia chegar a ter a aura dos casinos e a sua mística entre o vício e a elegância. Mas essa faceta do Porto não era predominante. A música servia-lhe de reitoria dos gostos e matéria sacerdotal. O Porto é musical e foi muito mais operático do que hoje é. A sua exigência era proverbial, e cantar

no Teatro Real do Porto e no Scala de Milão servia de recomendação à fama das divas. Os rapazes da geral não deixavam passar o mais pequeno deslize, o mais inaudível esforço de voz. Eram implacáveis, e não descontavam o rigor do clima em que os nevoeiros arruinavam o cristal das árias.

O Porto é hoje outro lugar. As típicas casas altas e estreitas, forradas de azulejos, só subsistem como panos de cena nas imediações da Cordoaria ou, por exemplo, na bela e esguia Cedofeita que mereceu o privilégio duma rua de peões. Há certos recreios da vista, que nem tudo são desgraças: o largo do Infante, à Ribeira, apresenta uma harmonia urbana em que se destacam as Igrejas, o Mercado da Fruta e o Palácio da Bolsa, solene e cobrindo o passeio com a escadaria de granito. O granito que é quase um campo do brasão da cidade.

No Porto havia mistérios, em Lisboa há factos. No que no Porto era secreto, na capital é convertido em boato. Hoje, o Porto mudou a fisionomia mas não a alma em que se debatem as ambições e o espírito das leis. Para falar das cidades não há como desencadear os espíritos da gente obscura. Eu conheci muita, dessa que não teve honras na literatura, a gente enigmática das pequenas profissões. Vou dizer alguma coisa sobre ela.

HISTÓRIA
DO SAPATEIRO APAIXONADO

O ofício de sapateiro é, como se sabe, sedentário mas não rotineiro. É propício a conversa lenta e que se debulha, como velhos feijões de sequeiro, no regaço de uma velha lavradeira. A comparação é bonita, embora não possam compreender o seu alcance em todos os sentidos: folclórico e filosófico, e muito mais.

O senhor Aurélio, que não era pobre nem diminuído pelo seu trabalho (considerado uma arte), tinha uma aparência modesta e usava uma bata de riscado cinzento. Trabalhava para os melhores sapateiros da cidade, os Pessoa, não da família do poeta, bem entendido, e não se dedicava, como podem calcular, a compor calçado usado, sobretudo deitar capas em saltos de senhora que, nesse tempo, não eram como hoje e estavam sempre em risco de ficar presos nas pedras das ruas. O senhor Aurélio fazia obra fina, talhava e executava sapatos por encomenda que depois os

Pessoas vendiam a alto preço. Sapatos de tirinhas, em grande voga depois da guerra, e outros de tipo mais ligeiro, com palas e furos e certa audácia de modelos. Porque o senhor Aurélio não se limitava a cumprir com as encomendas. Criava ele próprio sandálias e escarpins que mostrava na palma da mão contra a luz da porta.

Era uma lojinha que ficava na Travessa da Saudade, faz muito tempo. Cheirava a peles e a colas; ele estendia no balcão as camurças, para que se apreciasse a aveludada face da pele, e não dizia palavra. Esperava o efeito que o material fazia nos fregueses, que eram sobretudo mulheres. Elas enchiam a loja com as suas vozes alegres e repontonas, porque nunca estavam contentes com o trabalho do senhor Aurélio, ou fingiam não estar. Ele tinha muito calçado rejeitado nas prateleiras, ou que ninguém viera buscar depois de consertado. Não se diz do calçado que foi arranjado, mas consertado. As coisas são assim e não há volta a dar. No Porto, há um termo para cada caso e não se pode alterar isso.

Entre as freguesas do senhor Aurélio havia uma jovem de dezanove anos, do género «santa de pau caruncho», mas que era realmente duma beleza rara. No Porto há esse tipo entre mourisco e galego, com olhos escuros e cabelos dum louro pesado e caindo em ondas largas; a pele é branca como leite, com sinais abundantes, dum negro de nankin. O senhor Aurélio, quando via chegar a sua linda cliente, recolhia-se a um silêncio mais retraído. Ela era tão exigente e mudava tanto de ideias, que qualquer outro ficaria desesperado. Mas o senhor Aurélio caía num cismar que tinha algo de musical. Parecia estar a ouvir uma ária divina.

A jovem disse:

– Não me está a entender, senhor Aurélio.

Tinha dentinhos redondos como as crianças. O senhor Aurélio notou isto com emoção. Não se intimidava, porque um ofício que não é dado a timidez é o de sapateiro. Fala-se com gente culta e discutem-se coisas sérias, enquanto se cortam com uma lâmina afiada os couros de qualidade: de búfalo e de lagarto e outros por igual requintados.

A certa altura a freguesa do senhor Aurélio passou a vir com mais frequência. Encomendava sapatos brancos, pretos e vermelhos, e de duas cores; e parecia ainda mais exigente e cuidadosa nas suas escolhas. O senhor Aurélio ficou a saber que ela se ia casar. Achou que já esperava aquilo, mas o coração deu-lhe uma volta no peito. É costume dizer que o coração se despedaça, mas não é assim: dá um salto tão grande que muda o sentido das suas funções. O sangue venoso passa a encontrar-se com o arterial e, se estivermos com atenção, vemos que ele corre nas veias das mãos com uma cor ligeiramente arroxeada. Mas deixemo-nos de pareceres clínicos. O senhor Aurélio estava condenado, isto antes de nenhum médico o ver e o aconselhar.

A jovem freguesa casou-se em Julho, estavam os castanheiros em flor, onde quer que os houvesse. Não na Travessa da Saudade, onde só havia musgos parda-centos e água de sabão a correr pelas pedras. Donde vinha tanta água de sabão? O senhor Aurélio ficava à porta, sem fazer nada, entretido com perguntas destas. Não ralhava com os aprendizes e, de repente, passou a cumprir com as encomendas que tinha, não aceitando mais nenhuma. Estava tão pálido que metia medo.

– Está tão branco que mete medo – disseram as freguesas, entreolhando-se. No Porto, quando as pessoas se entreolham com severidade, parecendo que vão começar uma discussão, mas sem dizerem nada, é sinal de que a morte respira o mesmo ar e está ali. Não se enganavam, porque o senhor Aurélio morreu em Novembro. A loja fechou as portas e o numeroso calçado cheio de pó e consertado há muito tempo levou um destino que não posso imaginar. Entre os pares de sapatos abandonados estavam umas chinelinhas de quarto que ele não tivera tempo de acabar e que a jovem noiva lhe encomendara. Ou fora ele que as não quis entregar. Vamos lá saber os efeitos do sangue a que não chega o cândido ar da Travessa da Saudade! Às seis da tarde, quando a jovem descia a rua no passinho miúdo que ela tinha, perdendo às vezes as capas dos saltos no seu trémulo caminhar, havia no ar um beijo de jasmins, escondidos atrás dos muros. Era no Porto, onde o *muguet* floria à sombra dos castanheiros.

O Porto, como todas as cidades europeias, tem um discurso romântico para quem o sabe ouvir. Eu raramente sei. Mas quando me dá para ter ouvidos mais finos do que a lebre, então torno-me uma verdadeira calamidade: o cabelo ganha caracóis, até sou capaz de deixar crescer tranças, uso ao pescoço uma fita com um camafeu e fico irritável, como é próprio das românticas. Não pensem que elas são doces e melancólicas. Nada disso. Pelo contrário, fazem sofrer os homens, e choram menos do que se julga, dada a sua classificação na escala das paixões.

O Porto foi e é uma terra de românticos. Primeiro que tudo, temos que ver o que se entende por românticos. Os homens são românticos, as mulheres são prisioneiras. Raramente algumas conhecem esse estado de liberdade em que tudo pode ser sujeito de criação. Eu conheci uma, no Porto, a quem se podia atribuir essa natureza amigável que, como um campeão do Derby, avança sempre por meia cabeça os seus companheiros de corrida, o desejo e a fidelidade. Chamaremos a este conto:

A ILHA DA BOAVISTA
UM DIA

Como nas cidades romanas, a ilha foi implantada no Porto como anexos ao serviço da burguesia. Nos corredores a partir da rua principal, alojavam-se famílias inteiras, com os seus cães e os seus velhos e um amor duradouro porque nos conflitos se aprofundava. Mas havia casos que escapavam a todo o compromisso e à intervenção das assistentes sociais. Foi o que aconteceu com a Manuela, que era uma morena alta que se casara a seu tempo e se mostrou, de repente, alterada de génio, pensativa e como se imaginam as princesas «pele de urso» que viviam escondidas na floresta. A todo o tempo se esperava que elas aparecessem vestidas de corte e com um diadema na cabeça, dispostas a reivindicar o seu princesado. A Manuela tinha sido criada de servir e sabia passar camisas de homem com tal arte e confidência que parecia impossível. Dobrava-lhes as mangas atrás das costas, como se as fosse algemar, e a fralda ficava presa com o toque do ferro de brunir, como por encantamento. De resto, ninguém sabe se a sabedoria da brunideira não deriva dum feitio em que entravam pós de feitiçarias misturados à goma branca que ficava sólida no fundo das tigelas. Já no facto de a goma perder o estado líquido era muito estranho. A Manuela incluía-se nessa estranheza. Começou a andar silenciosamente e a não se interessar pela casa que tinha uma pequena mansarda onde dormiam os filhos. Ela disse que gostava de casas grandes e de jardins com rododendros. Tinha servido numa assim, até casar com um guarda-freio

e mudar para a sua ilha. Mas o coração ficara sempre fora de casa, como um gato vadio. Era uma mulher elegante a seu modo, ou antes: era elegante pelo muito que privara com senhoras de chapéu.

Uma senhora de chapéu era o que se chamava no Porto a uma mulher rica ou, pelo menos, imaginativa. O fim da guerra trouxera a fantasia dos chapéus com muitas flores e véus. Era um luxo que subia à cabeça e que deixava brilhar o vestidinho preto arrancado a uma economia severa. A Manuela gostava dos chapéus extraordinários, das casas grandes e das cortinas que voassem um pouco para fora da janela. Não tinha nada disso e começou a cismar e a tornar-se distraída. Salgava muito a comida, que é sinal de pensar em casar. Mas como, se era bem casada e recebida das mãos do pároco e do próprio pai?

«Porque vivo assim, se nada disto me dá felicidade?» Nem o homem, nem a mansarda sobre o pátio, nem mesmo o relógio de parede que tocava música aos quartos de hora. Não era ambiciosa, era só descontente. É de supor que, se a Manuela tivesse a tal casa grande e o jardim dos rododendros, sentisse a mesma desafeição e desgosto. Queria viver só e não partilhar o coração aventuroso. Há muitas mais mulheres do que se pensa, que são assim.

Assim como, direis? Pois com aquela melancolia do trágico se fez, penso eu, o melhor da poesia da antiguidade. É com a submissão que se faz a alma da tragédia. Por isso é que o S. João do Porto parece uma espécie de consolação, mais do que uma festa. Consolação de muitos pecados, desses em que paira uma inegável tristeza: o da cobiça, o do medo e o da submissão. O destino, quando é motivo de surpresa, quando levanta interrogações, faz de nós indivíduos. O povo acaba quando se interroga.

Manuela interrogava-se e começou por isso a dar preocupações. Perguntava-se porque amava o marido, se é que o amava; porque suportava uma casa tão mesquinha e invadida pelas baratas no Verão. Saía para a Avenida da Boavista, a mais longa que há na cidade e não sei se de todas as cidades do mundo, e sentia o vento do mar, que vinha de muito longe, a praia dos Ingleses ou a praia do Molhe. Sentia-se capaz de ir pela rua fora, infortunada mas agitada de paixão, deixando para trás a ilha com as vizinhas, o cão chamado Plymouth e os velhos com doenças crónicas. Era uma trágica moderna, a Manuela. O Porto tem esse sentido moderno da tragédia, que é diferente do trágico antigo baseado na fatalidade total, que dá na alma humana um profundo carácter da tristeza. A tristeza da modernidade é leve e circunscrita a uma interdição; removida a interdição, a tristeza objectiva dissipa-se. É esse rasgo de liberdade que se destina a produzir um movimento desinteressado quanto à tragédia da vida humana. O sofrimento existe, mas é vivido duma maneira quase diremos fútil porque se refere à circunstância e não a um destino invencível.

Na ilha da Boavista, um dia, a Manuela divorciou-se e foi viver só. Sem amante, sem vizinhos, sem conversas picantes ou intrigas de bairro. Às vezes a assadeira dá castanhas, à porta da ilha, lembrava-lhe com um pouco de remorso. Como se o fumo saído dos assadores de barro fosse como o dos oráculos, algo que ela não devesse desrespeitar. Mas vivia a sua vida, indiferente aos laços naturais que lhe pareciam uma prisão. Envelheceu e morreu decerto há muito tempo. Alta e ligeira, com olhos profundos de paixão enigmática, o Porto merecia a sua nobre e invencível perseverança na liberdade.

O PORTO
DOS DIVERTIMENTOS

Havia os cafés, como o Ceuta, onde se encontravam os intelectuais; o Imperial, onde se faziam negócios; a Brasileira, onde se fazia política e que era conhecida pela república mais pequena do mundo. As casas de chá (a Oliveira tinha o tecto pintado pelo Acácio Lino) como a do Bolhão serviam torradas como já não há: tenras, quentes, embebidas de manteiga ou partidas em trinta e dois bocados. A torrada no Porto era uma virtude, o chá uma maneira de meditar; o croissant uma vertigem mundana. Usavam-se jóias à tarde, e os primeiros pechisbeques da Boémia desafiaram a crítica das grandes burguesas quando apareceram nos decotes. Lã preta e gola de lantejoulas, eram duma distinção parisiense arrasadora. O Porto foi elegante, agora é apenas rico e, ainda que pareça impossível, é até impudico.

Usando o palavrão como forma de dar exemplo dessa virtude negra que é a superioridade viril, o Porto é, no entanto, cheio de contradições. O mais grosseiro dos trolhas pode ser um cavalheiro diante duma mulher bonita. A beleza submete

os homens e, nas tardes quentes, no largo de Santa Teresa, os empregados das águas em descanso, sentados no passeio e puxando o fumo do cigarro, trocam sorrisos com as jovens que passam. Elas retribuem, perfeitas como são no coração e no rosto. Sorrir aos homens pode ser um vício ou uma bênção. Não só de pão vive o homem, mas também do sorriso das mulheres.

A mulher do Porto tinha essa sensibilidade do sorriso. Porque, para sorrir sem que pareça escusa ou impertinência, é preciso a cultura do coração que não se aprende com as letras nem com a leitura dos Evangelhos. Eles ensinam a piedade e a justiça, mas um sorriso duma jovem mulher tem que ser sincero como a morte.

A mulher sincera (a sinceridade ia, no Porto, antes do pé bonito e os olhos de moura) começava por ser a primeira aliança do casamento. Depois vem a de ouro; mas aquela troca-se como um juramento secreto. A mulher sincera, rara como uma pérola negra, estava para o noivado como a fiança para o cambista. Sem ela, o homem de negócios, letras e cheques e outros papéis bancários, não teria ar para respirar.

HISTÓRIA DO FIADOR
DAS TRÊS ÀS QUATRO DA TARDE

Houve um tempo em que um homem pobre quis montar um negócio e recorrer a um fiador. Não esteve com meios termos e dirigiu-se a um outro homem, acreditado pela fortuna e a prudência que tinha, e pediu-lhe ajuda.

– Que quer de mim? – disse o homem abastado. – Se é dinheiro, não empresto. As dívidas são doentes crónicos. Não se curam nunca e até pioram.

– Não é dinheiro – disse o homem pobre. – Só queria que estivesse na minha loja sentado todos os dias, das três às quatro horas.

– Só isso? – disse o outro. Estava recostado numa cadeira de verga no jardim e a tarde caía. Acendiam-se as luzes na casa, que era opulenta. Luzes que davam uma impressão de luxo, embora não se visse nada mais; apenas um grande *abat-jour* de seda vermelha, como o sol no seu ocaso.

Mais tarde, ele verificou como a promessa era terrivelmente pesada, visto que aquelas horas eram compridas e o movimento da casa de câmbio o incomodava.

Todos o conheciam e sentiam orgulho em cumprimentá-lo. Passavam ali e entravam só para terem o prazer de serem vistos com homem tão importante.

– Como está? – diziam. – A família como está?

– Bem, bem – respondia o homem rico. Ansiava pela hora de se libertar, tanto mais que era de humor avinagrado. Mas cumpriu com a promessa até ao dia em que o outro já não precisava dele. Tinha muita clientela e prosperava. Em breve fundaria um banco.

– Adeus – disse o homem rico. – Vejo que já não precisa de mim. Tem dinheiro como terra e conseguiu o que queria.

– Sim, mas posso fazer-lhe uma pergunta? Porque me ajudou tanto, sem me conhecer?

– Você pareceu-me um rapaz sincero. A sinceridade não nos faz bons, mas dá-nos crédito.

Ele tocava no ponto sensível do portuense que é o crédito, a fé social em que os negócios e os pactos são concertados. Não se esqueçam disto. A prosperidade e a fortuna começa no signo, não do Touro nem da Balança, mas no da credibilidade, que é a força que desperta nos homens outras forças, sem renúncia da sensualidade que está em tudo, humano e não humano.

A submissão é uma forma de crédito, a forma que ele toma no feminino. Avental e chapéu de flores combinam bem. A mulher do Porto usava o avental como se usasse arminho. É o que vamos ver:

AVENTAL E CHAPÉU
DE FLORES

A mulher do Porto, a burguesa que ia à missa aos Congregados e à Lapa, vestida de escuro e com um alfinete de brilhantes em forma de lua nova, punha chapéu até para ir à praça comprar cenouras. Em casa, usava avental como uma criada e sentava-se à mesa com ele. Havia figurinos que dedicavam ao avental uma página ou duas. Tinham às vezes rendas. Outras vezes eram de popelina com raminhos. Mas sempre inspiravam essa confiança cega que os homens não sabem como explicar e que dá as maiores alegrias da cama. Se virdes pela frincha duma

21

O fotógrafo aprendeu
entretanto esta cidade, feita
de muitos espaços que se
sucedem, povoados por
referências equívocas na
página seguinte. Entre estes
arcos do mais puro
fingimento, vê-se o mar da
Foz. No entanto, hoje, já
ninguém se assume como
personagem desse fingir.
Ainda assim, esta fotografia
deixa-nos o pressentimento de
haver alguém…

*The photographer came to know
the city, its successive locales,
places inhabited by structures
difficult to classify. Between
these modern arches of this
"theatrical set" built to imitate a
style long gone can be seen the
sea by the mouth of the Douro
River. Meanwhile, today,
nobody seems to be here
rehearsing any lines. Even so,
this photograph leaves you with
the feeling of having someone
waiting…*

porta uma mulher nova que vem receber as cartas das dez da manhã (havia quatro distribuições, o que fazia o dia inteiro cheio de esperança e ilusões maiores), reparai que ela dobra a ponta do avental e a prende na cinta. É o sinal de que vai assinar um recibo ou começar uma conversa. Um sinal erótico, de todos os modos. O avental estabelece confiança, o homem sente-se seguro e capaz de fazer um comentário às injutiças da vida e, de passagem, aos encantos da mulher. Aquela mulher galante e austera a que, na rua, chamavam Mariazinha com ternura e nada, nada mesmo, de vicioso, usa avental. Tem até uma colecção de aventais que decerto não se compara aos das antigas poveiras ou maiatas para quem o avental era um luxo em dias de festa e uma peça de vestuário honrosa e indispensável. Mulher sem avental era suspeita. Há uma indecência no ventre que se não protege; há uma miséria no trabalho que dispensa o avental. As carrejonas da estação de S. Bento não o usavam. Musculosas como homens, carregavam os malões dos viajantes até ao quarto andar da Rua de Belomonte; ou levavam aos prédios de Santa Catarina, atados com cordas, fardos enormes de colchões de rede ou canapés de palhinha. Coisas repartidas em heranças, vindas duma tia que morreu em Vila Real ou do outro lado da cidade que se podia cobrir a pé. As carrejonas de S. Bento não sabiam ler. Levavam sempre um papelinho enrolado na mão com a morada a que se dirigiam. Havia uma, grande e formosa, conhecida pela força dos braços dignos de Juno e Vénus juntas. Bebia o seu copinho de aguardente, tinha um amante que não lhe batia porque ela não era uma mulher completa: faltava-lhe o avental, sinal de submissão que tantas paixões desperta.

Isto é o Porto em vários sentidos. Não invento, não imagino, mas parece, porque as pessoas não reparam nestes casos e a vida depressa muda e as geraçoess passam sem memória. Um dia direi mais, porque tudo se acaba menos o coração para o que se ama.

Porto, Agosto de 1996

Agustina Bessa-Luís

No Porto as janelas fechadas parecem mais secretas do que em qualquer outro lugar. A cidade nada tem de inocente. E, se nela é possível encontrar uma construção mais insólita, ainda que um pouco degradada, é porque isso acentua o secretismo geral, embora directo, com que este cenário exprime a sua austeridade.

Na página seguinte, desprende-se um confronto com o real. Qual terá sido o pretexto? O barroquismo é, neste caso, uma aparência, uma cópia despropositada, um capricho... Nicolas andou à volta desta casa e soube da sua história, que apetece romancear.

In Oporto, closed windows seem more secretive than just about anywhere else. The city has nothing innocent about it. And if it's possible to come upon an even more unusual and decrepit building, then it's because such constructions seem to enhance the general air of austere secrecy pervading Oporto.

Opposite page, this house seems to jar with reality. Why was it built? Its baroque appearance is just that – merely a thing of appearances, an awkward copy, a fantasy...
Nicolas walked around and around it and came to learn its history, something worthy of a novel, he thought.

Em pleno centro, o Porto é coroado por um diadema («Era um burgo pobre, sujo, reles até – mas gostaria tanto de lhe pôr um diadema na cabeça», Eugénio de Andrade, a este propósito incontornável). A igreja dos Congregados, os bancos, uma e outros imprescindíveis neste núcleo de personalidade marcante.

The poet Eugénio de Andrade, a Oporto resident, once wrote, «It was a poor town, dirty, without class even – but I wanted so badly to place a diadem on its head.»
And downtown Oporto is indeed crowned by such a diadem.
The combination of churches and banks gives the inner districts of Oporto a unique character.

26

OPORTO'S
MANY SIDES

Oporto begins where the river ends. There's probably no other city born so obviously just where you'd expect it. Not that it was born of any definite desire or out of any search for glory. No, it came to be like a fist opening to reveal the slow rhythm of its days – of perfumed Port wines and business. And of the appointments of its men with distant lands.

If there is anything grandiose in Oporto then it's brought there by the fog, which carries the buildings along with it as if it were about to hurl them into the clouds. It's neither an aristocratic city nor one given to any sophistication of manners. In good part because back in 1412, King Fernando decreed that neither noblemen nor men of means could pass more than three days in Oporto. This, in order to prevent the corruption and undermining of values which their ideas of luxury and culture would bring to the families of the city, captivating its young people with dreams of adventure and its women with notions of exotic loves. It's because of this that Oporto has always enveloped itself inside its fanciful myth of independence, all things considered a rather reticent city, nothing of the preacher in its character.

The city began with two parallel kingdoms – Moorish and Christian. At that time, there was probably day-to-day contact between the people and the cultural elite, so that even today the arts, above all poetry, are considered worthy endeavors. But the social fabric of the city was rent when a royal edict of March 6, 1390 reinforced the royal declaration of 1355 that laymen as well as ecclesiastics might only live in certain areas of the city, and never in a widow's home or in a house belonging to a merchant away on business. It was established as a precedent that no aristocrat, under any circumstance whatsoever, could live in the city or even tarry in it, «even though such measures do enpauper the City.» In this way, Oporto kept the vices of the aristocrats out. But it also, of course, lost the genteel pleasures that they would have introduced.

And so, Oporto developed its own unique social code, one that can be seen in the history of the quarrels and disagreements between normal residents and aristocrats. This dispute carried on for such a long time and so strongly, in fact, that one begins to sense arrogance as a characteristic of the city – a characteristic which may very well have grown stronger with time.

Since the aristocrats of the time had great holdings outside the city, many of them often endeavored to use this as a pretext for staying inside Oporto for more than the number of days normally allotted. The people of the city were not in the least convinced by this argument. The reasons for their firm reluctance are not known, but it is clear that even though Oporto was Portugal's second city, the Court only rarely met there. Since the middle of the 13th century and up until the period of greater Court influence, Oporto was rarely conceded such honors. Out of that grew an irritable disdain from both sides, one which was characterized by only the most paltry shows of civility – and by some occasionally noisy declarations in favor of false fraternity, as well.

And so, even today, every time that representatives from Oporto go to The City (The City being Portugal's capital, Lisbon, of course), this sore spot begins to ache once again, though by now the feeling is little more than a vestige of times long gone.

The people of Oporto subscribe to that notion of morality which emphasizes one's name and trustworthiness. And especially one's word. Even today people remember contracts signed with ink that has been tinted with only the honor of the men involved. And so it was easier to imagine a person committing a violent crime than a fraud; someone might be led to commit a crime by a momentary loss of balance, but fraud was a rebellious defect in one's personality – one which could quickly become a habit.

The artisans of Oporto had their own demarcated territories, their own patron saints and a hereditary influence which was only superseded by the Corporate Age. Fathers left their sons chisels, customers, leather-bound record books and a list of families to whom services had been rendered. And it was just as honorable to be a storekeeper as a lawyer. The former knew about knitwear or lace-work or English cashmere; the latter about rules of inheritance and the leasing of lands.

The exclusion of nobility from Oporto created a powerful class with its own privileges and hierarchies, one which was tied together by a notion of work as a healthy prophylactic against depression. Coopers, goldsmiths, merchants and shopkeepers evidenced a way of thinking which valued the pleasures of life and, above all, luxury. Below them were lesser-regarded artisans, hardware dealers, for instance, who constituted an important group, with their territory along the Rua do Almada, where the noise of girders being unloaded constituted a neighborhood anthem. The hatters, glove makers, shirtmakers and tailors had in Oporto the status of low-ranking nobility Also clearly of note were the exporters of fine wine who, along the Rua Ferreira Borges and up the slopes of Vila Nova da Gaia, the city across the Douro River from Oporto, negotiated deals all over Europe, from England to the Russia of Catherine the Great.

Within this grand complex of trade, of correspondence, of contracts settled in accordance with political dispatches which were sometimes carried across lines of battle, Port wine began to occupy the workings of the entire city. It constituted a kind of liquid stock exchange kept inside the characteristic casks of Flanders, engendering a style of life which basked in the scent of fermentation rising from grapes harvested upriver in the Douro Region.

Oporto is the last stop on the Douro. In times long ago, the city probably looked identical to the terraced landscape of Régua and Cima-Corgo, about 70 miles upriver. In the time of the celebrated Abbot Mansilha, the attorney general for the Marques de Pombal[1], who had great holdings in the area, the city was still a semi-urban area of estates and farms, with springs bubbling up out of its quarries. The gardens, brimming with camellias and fuchsias, were perhaps the poetic legacy of the Moors, neighbors – not always enemies – living on the south bank of the river in Vila Nova de Gaia, once known as Vila Nova d'El Rei (King's New Town) – a name which implies that it may very well have had better relations with the Portuguese Crown than Oporto. The people of Gaia have traditionally been regarded much the same as Moors, owing to the ancient Caliphate-influenced Islamic culture which had its northern border at the Douro River and which never therefore penetrated into Oporto itself.

Unfortunately, this urban characteristic of giving precedence to parks and orange groves was not kept up by future generations. The cutting down of trees, under dubious pretexts, as well as the absence of neighborhood squares and negligence of public gardens, have turned the city into a conglomeration of stone that has been carved and polished by the greed of constructors. In this regard, the creation of gardens around the Crystal Palace was merely a footnote to the merciless policy of the town council regarding areas of outside recreation. Undoubtedly, urban parks and gardens across the world have become areas of crime and abandonment. But the breathing of our cities suffers greatly from their lack of trees, and the urban spaces that were once gifts from the Gods and the final blessing of old age, have become mere monuments. In Viriato Square there's a lone jacaranda tree whose signs of sadness are moving. Cities dominated by the work ethic don't feel any passion for sidewalks under such verdant canopies. They're looked at like ink stains on a ledger book.

Leisure activities in Oporto were traditionally restricted to billiards, the beaches near the river mouth in the Foz section of the city, and, for the rich, gaming in clubs which took on the aura of casinos, with their alluring amalgam of vice and elegance. But that part of Oporto hardly predominated. Music, both popular and religious, used to be considered the highest art form by city residents. Oporto is even today a musical city, and there was a time when it was much more devoted to opera than it is today. Its demanding public was once renowned, and singing at Oporto's Royal Theater, like singing at La Scala, was enough to establish the fame of a diva. The men in the general seats didn't let even the most minor slip go by, the most minuscule sign of effort in the voice. They were truly merciless, weren't in the habit of making any allowance whatsoever for the demands of Oporto's climate, in which the fog was always threatening to ruin the crystalline pitches of arias.

Oporto today is another place altogether. The houses, traditionally tall and thin, covered with tiles, only remain as a backdrop around Cordoaria Park and, for example, along the lovely and slender Rua da Cedofeita, which has earned the honor of being designated a pedestrian walkway. There remain places for taking in the sights which aren't half bad, however. Infante Square in the Ribeira neighborhood, for instance, shows a harmony of urban development featuring churches, the Fruit Market and that solemn structure the Stock Exchange, with its staircase of granite leading up from the sidewalk – that granite which is almost the city's coat of arms.

In Oporto there were always mysteries; In Lisbon, facts. What was kept secret in Oporto became rumors in Lisbon. And although Oporto's form may be very different than it once was, its interior, the place given to conversations about the government and the country's goals, has hardly changed.

To discuss cities, I think there's nothing like freeing the voices of unknown people – people who haven't received any literary honors, enigmatic people who practice their daily professions without fanfares. It's of them I'd like to speak.

THE STORY
OF THE LOVESICK SHOEMAKER

The trade of shoemaker is, as is well known, sedentary but not routine. It's good for slow conversations threshed like old bean pods in the lap of a country-woman. And although this metaphor is apt, it can't encompass the breadth of what shoemaking implies – philosophy and folklore and much more.

Aurelio, who was neither poor nor in any way diminished by his work (which he considered an art), was a man of modest appearance given to wearing gray-striped overalls. He worked for the best shoemakers in the city, the Pessoa family (unrelated, of course, to the famous Portuguese poet Fernando Pessoa). He worked, not at repairing shoes, as you might guess, particularly not at the job of fixing the covering of ladies' heels, which were different from they are today and always at risk of getting caught in the cobblestones. No, Aurelio did elegant work, cutting and making shoes to order which the Pessoa family then sold for the highest prices – fine leather slippers, very fashionable during the post-War period, and shoes with beaks and patterns of holes and a certain spontaneous audacity of conception. Because Aurelio didn't limit himself to making exactly what the order called for. He created his own sandals and slippers which he would hold up to the light in the palm of his hand.

He worked in a little store on the Travessa da Saudade a long time ago. It always smelled of hides and glue, and he used to lay his suede across the counter so that the velvety surface of the skin could be fully appreciated. And he'd make no comment whatsoever. He'd just wait to see the effect that the suede would have on the neighborhood customers, who were mostly women.

As for these customers, they filled the store with voices that were usually strident or grumbling, because they were never fully satisfied with Aurelio's handiwork, or at least made believe they weren't. He kept a great deal of rejected shoes on the shelves, or pairs which simply hadn't been picked up after being repaired. Things happen like that and there's nothing you can do about them. In Oporto, there's a way of doing things for every imaginable activity, and it can't be changed.

Amongst Aurelio's neighborhood customers was a nineteen-year-old girl, the kind we call in Portuguese *a saint made of worm-eaten wood*, meaning a person who is pretty on the outside but with not much on the inside. But she really was an exceptional beauty. In Oporto, we have a kind of woman with the physical characteristics of both Moor and Galician, with dark eyes and thick blond hair falling in luscious waves, with skin as white as milk and many black-as-ink birthmarks.

Whenever this ravishing customer came into his store, Aurelio would cloak himself in the most withdrawn silence. She was so demanding, and she changed her mind so frequently that anyone else would have become desperate. But Aurelio would rack his brains so completely trying to please her that it seemed as if he were hearing music, a divine aria perhaps.

And invariably, the young woman would say, «You still don't understand what I mean, Mr. Aurelio.»

She had tiny round teeth like a child. Aurelio was moved by this. He wasn't intimidated, because shoemaking is not a profession given to timidity of any sort – one must speak frequently with the most cultured people, discussing serious subjects, all the while cutting with the sharpest of razors leathers of great quality – buffalo, lizard and others of distinction.

There came a time when this girl began to come to his store more and more frequently. She ordered white, black and red shoes – two-toned shoes, as well. And she seemed even more demanding and careful than usual in her choices. Aurelio learned that she was going to get married. He thought that he was prepared for such news, but his heart seemed to take a tumble inside his chest. It's usually said that the heart gets broken, but it really isn't like that – it somersaults so wildly that the direction of its workings gets all jumbled. Oxygenated blood in the arteries find itself confronted by blood in the veins. And if, in fact, we take a careful look at our hands, we see that the blood running through our veins takes on a slightly bluish hue.

But there's no need for us to play at medicine; it was clear, without having to consult any doctor, that Aurelio was a doomed man.

The young neighborhood beauty got married in July, with the chestnut trees in flower. But not on the Travessa da Saudade, where there was only dark gray moss and soapy water running along the cobbles. Where had all that soapy water come from? Aurelio stood in his doorway, not doing a blessed thing, simply contemplating questions of this sort. He had reached a point where he didn't interest himself in his apprentices. And he had, all of a sudden, stopped taking new orders, had started making only the shoes that were already on order. He was so pale that it was frightening.

«He's so white that it's scary,» his neighbors said, staring at one another. In Oporto, when people stare at each other darkly, as if to begin a conversation, but without saying a thing, it's a sign that death is in the vicinity, even breathing the same air. This time, their intuition was right on target, because Aurelio died in November. The store closed its doors and the many shoes covered in dust and repaired so very long ago went on to an unknowable future. Among the abandoned pairs of shoes were some bedroom slippers that he didn't have time to repair and that the young bride had ordered from him. Or maybe it was that he didn't want to hand them over to her. Who knows exactly what happens in these interior places far removed from the open air of the Travessa da Saudade?

In any event, at six in the afternoon on that day, the young woman was seen walking down the street without a care, taking her typically tiny steps. There was even in the air a caressing scent of jasmine coming from behind the walls, for in Oporto, lily-of-the-valley flowers inside the shade of chestnut trees.

Oporto, like all European cities, exhibits a melody of romance, at least for those who know how to hear it. I rarely catch it. But when my hearing – suddenly turned sharp – picks up the tune, then I turn really dangerous. My hair starts to get ringlets; I feel myself even capable of growing pigtails; I swirl a ribbon around my neck and pin a cameo to it. And I become irritable, like all romantics. No, don't think for a minute that they're all sweet and melancholic. Nothing of the sort. On the contrary, they make men suffer, and they cry a lot less than you'd think, since crying isn't regarded very highly in the scale of emotional activities.

Oporto used to be a place of romantics. But I suppose we first have to decide exactly what we mean by that. Let's get this straight – men are romantic, women are prisoners. Only rarely do they know such a state of freedom in which everything is possible.

But I knew a woman like that, someone to whom you could attribute that kind of friendly nature which, like a champion thoroughbred, always keeps itself just a nose ahead of its closest rivals, Desire and Fidelity. We'll call this story.

ONE DAY

IN BOAVISTA ISLANDS [2]

As in Roman cities, the island was brought to Oporto for the service of the
upper classes. In these alleyways leading from a main street many entire families
lived, with their dogs, their old people and a love which was lasting precisely
because it was deepened by conflict. But there were incidents which went beyond
all hope of compromise and all possibility of intervention from city social workers.
That's what happened with Manuela, a tall, olive-skinned woman who, when she
married, suddenly became thoughtful and took on a new persona, much like we
imagine happening to those mythological princesses who, banned by their fathers,
live for ages disguised as servants in the palace. Manuela had been a maid, and
she knew how to iron men's shirts with such flair and expertise that it seemed
impossible. She folded the sleeves behind the body of shirt as if she were going to
handcuff them, and the tail she adhered in place with the touch of a starching iron,
as if by magic. As it happens, nobody knows if the expertise of a starcher-woman
isn't the result of some spell produced with sorcerer's potions that are mixed with
the white starch and which solidify at the bottom of jars. It's already a bit strange,
after all, that the starch comes to lose its liquid state. Manuela was part of all this
strangeness, as well. For she grew silent and stopped caring about the house in
which she had a small homemade hut where her children slept. She said that she
liked big houses and gardens with rhododendrons. She had worked in one just like
that until she married a tram conductor and moved to her island. But her heart
continued to roam beyond her house, like a homeless cat. She was elegant in her
own way, or rather, had learned elegance by being able to spend time with *women
who wear hats.*

A woman with a hat was the term used in Oporto for a rich woman or a
woman with great flair. The end of World War II had brought with it an imaginative
taste for hats with lots of flowers and veils. It was an exuberance which went
straight to our heads, naturally enough, and brought out the glory of those black

dresses often necessitated by financial difficulties. Manuela liked extraordinary hats, big houses and the kind of curtains that when caught by a passing breeze billow far outside the window. She had none of these things and began to daydream and grow distracted. She started to salt her food a lot, which is a sure sign of someone thinking about getting married. But how could she think of that, since she was already married, given away by her father in a ceremony conducted by the parish priest?

«None of this makes me happy, so why should I live like this?» she thought. «Not my husband, not the little hut in the patio, not even the wall clock which plays music every quarter hour.»

She wasn't ambitious, just discontent. Although it might be supposed that even if she had had her big house and her garden with rhododendrons, she would still have felt the same dissatisfaction and disgust. She wanted to live alone and not to have to share her adventurous heart with anyone.

More women are like this than is generally thought.

But like this, how? Perhaps possessed of that tragic melancholy which makes, I believe, the best ancient poetry. And it's with submissiveness that the spirit of tragedy is created. That's why Oporto's Saint John festival[3] seems more of a consolation than a celebration. A consolation for sins of the kind pervaded by an undeniable sadness – by covetousness, fear and submissiveness. Destiny, when it startles us, when it makes us wonder about ourselves, is what gives us our individuality. And individuals establish themselves when they begin to wonder.

Manuela did indeed wonder about herself, and because of that, she began to get worried. She asked herself why she loved her husband, if she loved him, why she tried to maintain such a meager house invaded by cockroaches in the summer. She went out to the Avenida da Boavista, the longest street in the city, maybe even of all the cities in the world, and she felt the sea breeze coming from far away, from Ingleses Beach or Molhe Beach. She felt herself ready to proceed along the avenue, unhappy yet charged with passion, ready to leave behind the island and her neighbors, her dog named Plymouth and the old people with their chronic illnesses.

Manuela was experiencing a modern tragedy. And Oporto does indeed have this feeling of modern tragedy, which is different from the kind based in a total sense of fatality, that kind which gives the human spirit a deep sense of sadness. Modern tragedy is light and circumscribed by a prohibition. Remove the prohibition and the sadness dissipates. An impulse for freedom produces a desperate move. Suffering takes place, but it is lived in a way we could almost call frivolous, in that it is related to circumstance and not to an insurmountable destiny.

One day in Boavista Island, Manuela got a divorce and went to live alone. Without a lover or neighbors, without recourse to either delicious conversations or neighborhood escapades. Sometimes, over a grill of roasting chestnuts, at the entrance to the island, she would remember everything with a bit of remorse. As if the smoke coming from the clay grills were made for the reading of an oracle, something which she must pay attention to. Yet she went on living her life, indifferent to those natural ties which seemed to her a prison.

Undoubtedly, she grew old and died some time ago.

Tall and slender, with eyes deep with enigmatic passion, Manuela's noble and invincible struggle for freedom found a worthy witness in the city of Oporto.

OPORTO'S
AMUSEMENTS

There were cafés, like the Ceuta, where the intellectuals used to meet; the Imperial, where business was conducted; the Brasileira, where political deals were made and which was known as the smallest republic in the world.

As for the tea houses (the Oliveira tea house had a ceiling painted by Acácio Lino[4]), there were those like the Bolhão which served toast that you just can find anywhere anymore – soft, hot, dripping with butter, cut into thirty two little pieces.

Toast in Oporto was a virtue, tea a way of contemplation, the croissant something giddy. Jewelry was worn in the afternoon, and the first Bohemian pinchbecks withstood the criticisms of the great dames when they appeared in their low-cut gowns. Black woolen dresses with sequined collars were considered drop-dead Parisian exuberances. Oporto was elegant, whereas now it's merely rich and, though it might seem impossible, even vulgar.

Although typically making use of crude language as a way of manifesting that dark virtue of manly superiority, Oporto is meanwhile full of contradictions. The coarsest of brick-layers can become a gentleman in front of a lovely woman. Beauty subdues men in Oporto, and on hot afternoons, in Santa Teresa square, workers relaxing, seated on the sidewalks smoking, smile at the young women who pass. The girls smile back, perfect of heart and expression.

Smiling at men can be either a vice or blessing. After all, men cannot be expected to get by on bread alone and must have the smiles of women as well. And women in Oporto used to have a knack for smiling. Because in order to smile without seeming either impertinent or mousy, learning of the heart is necessary – a learning one doesn't get with the ABCs or with the reading of the Bible. These teach piety and justice, but the smile of a young woman has to be as sincere as death.

The sincerity of a woman (in Oporto, sincerity used to come before beautiful feet and dark Moorish eyes) was always the first treasured seal of marriage. Only then came the gold wedding band, exchanged with a secret oath. A sincere woman, as rare as a black pearl, was to her groom like bail to a prisoner. Without her, the Oporto business man, with all his documents and deeds and bank papers, simply could not breathe.

STORY OF HOW THE LOAN OFFICER
PASSED HIS DAYS FROM THREE TO FOUR IN THE AFTERNOON

Once upon a time there was a poor man who wanted to start up a business and sought out the services of a loan officer.

He was a young man who cut right to the chase, and so, believing in his own luck and capabilities, he simply went up and asked for help.

«What do you want from me?» asked the well-to-do man. «If it's money, I make no loans. Debts are chronic illnesses. There's no cure and they just get worse.»

«It isn't money,» replied the poor man. «I only want for you to sit in my store every day, from three to four in the afternoon.»

«That's all?» He was leaning back in a lounge chair in his garden, and it was getting late in the afternoon. The opulent house lights came on, lights which gave an impression of luxury, though you couldn't see anything other than a great curtain of red silk, like the setting sun.

Only later, after he'd agreed to come to the other man's store, did the rich man come to find out that his promise was a terribly demanding one, seeing as how long that afternoon hour seemed and how disagreeable the journey from his bank to the store. There, everyone knew him and felt pride in greeting him. People passed by and entered just to have the pleasure of being seen with such an important man.

«How are you?» they would all ask. «And how's the family?»

«They're well – everyone's well,» the rich man would reply, anxious for his freedom at the end of the hour, even more so because he was a man of sour moods. But he fulfilled his promise up till the day when the other man no longer needed him. He had by this time many customers and was prospering. Soon, he would himself found a bank.

«Farewell,» said the rich man. «I see that you no longer need me. You've reached your goals, have got money coming in from out of nowhere.»

«Yes, but may I ask you something? Why did you help me so much, without even knowing me?»

«You seemed to me to be a sincere young man. Sincerity doesn't necessarily make us good, but it does make us trustworthy.»

The poor man had touched the tender spot of the people from Oporto – trustworthiness, that faith under which business deals and contracts are sealed. Don't forget this – that prosperity and good fortune fall under the sign, not of the Taurus or Libra, but of Believability, which is that force which gives rise to other forces in man, leaving aside for the moment the sensuality that's in everything, human and non-human alike.

Submissiveness is a form of trustworthiness as well, the form it takes in the feminine – at least that particular form of femininity connoted by an apron in pleasant combination with a floral hat.

As for the women of Oporto, they wore an apron as if it were a mink. As we shall see.

APRON AND
FLORAL HAT

The women of Oporto – those middle class ladies who went to Mass at the Congregados Church and Lapa Church, who wore dark dresses and diamond broaches in the shape of a new moon – used to wear a hat even to go to the marketplace to buy carrots. It was a time when, at home, a woman would wear an apron as if she were a servant and even sit down to eat with it on. There were pattern-books which always had one or two pages dedicated to apron-making. Sometimes aprons had lace. Others were designed with floral patterns and were made of poplin. But whatever their particular characteristics, they always inspired that blind confidence which can't be explained and which leads to the greatest happiness in bed. If you look through the crack in a doorway at a young woman who's about to receive some letters at ten in the morning (there used to be four mail deliveries in Oporto, which made the whole day a time of hope and of the most imaginative daydreaming), you will see that she folds up the bottom of the apron and ties it at her belt. It's the sign that she's about to sign a receipt or begin a conversation. An erotic sign, in any case. The apron establishes confidence – a man feels himself in safe hands and capable of commenting on the injustice of the world and, in passing, on the charms of women. As for that austere and graceful woman referred to by her neighbors as Little Maria, who has absolutely no vices whatsoever, she wears an apron, of course. She even has a collection of them, but nothing like those fancy ones which the women of long ago from Póvoa and Maia[5] wore for holiday celebrations and which were indispensable garments of honor. A woman without an apron was suspect; there's an indecency of some sort in an uncovered belly.

Curiously, the hardest, most miserable women's work doesn't require an apron. The porter-woman at the São Bento train station didn't wear them, for instance. With muscles like men, they would carry the huge suitcases of travelers all the way up to the fourth floor of an apartment on the Rua de Belmonte, or up to the buildings on the Rua de Santa de Catarina, wire mattress frames and stuffed couches and other enormous loads all tied with rope – inherited things coming from an aunt who died in Vila Real or from the other end of town.

The porter-women of São Bento station didn't know how to read. They always carried with them a piece of paper rolled in their hand with the address they were headed to. There was one, large and shapely, known for the strength of arms worthy of Juno and Venus combined. She used to down a glass of brandy every lunchtime and had a lover who didn't beat her because he didn't consider her a complete woman. Why? She lacked an apron, of course, that sign of submissiveness which somehow seems to raise so many wild passions.

These are some of the many sides of Oporto. They're real stories – I haven't invented or imagined anything, though it may seem otherwise; people don't notice these things while they're happening and life changes quickly. Generations pass and forget.

One day maybe I'll say some more. Because for those who bear love inside them, everything ends except the life of the heart.

Oporto, August 1996

Agustina Bessa-Luís

Translator's Notes

[1] The Marquês de Pombal was the Portuguese Prime Minister from 1756 to 1777.

[2] *Island* here refers to a narrow dead-end alleyway typical of Oporto.

[3] The Saint John Festival is Oporto's largest and most important, and it is held on the night of June 23rd.

[4] Acácio Lino was a minor painter from Oporto.

[5] Two towns north of Oporto.

O eléctrico pouco antes da partida. A viagem não é das mais longas, mas é seguramente das mais bonitas que se podem (?) fazer no Porto. Com a progressiva substituição dos eléctricos por autocarros, acabou um encantamento e uma convivialidade extensivas ao guarda-freio e ao cobrador de bilhetes. Nicolas deu conta de que o n.º 284 dos Serviços de Transportes Colectivos do Porto, fez naquele dia, para todos os efeitos, a sua última viagem.

A streetcar just before setting off. The journey isn't very long, but it's definitely one of the most beautiful you can take in Oporto. With the ongoing replacement of streetcars with buses, a certain enchantment has ended, along with the pleasure of getting to spend some time with the brakeman and conductor. Nicolas noted that this car, number 284 of the Oporto Transport Service, made its very last journey on this day.

Uma porta, diferente de todas as outras. Para lá desta entrada com o número 133, nada condiz com o exterior. Da *belle epoque*, pouco mais resta que uma aparência.

A singular door, different from all the others in the city. But beyond this entrance at number 133 nothing corresponds with the outside. Little remains from the belle époque *save appearances.*

44

Este é provavelmente o mais belo mirante do Porto. Apesar dos vidros partidos e da decadência que turva o horizonte, consegue não passar despercebido. Ao passear na zona do Infante, o fotógrafo ainda tentou compreender como seria ver chegar os barcos a partir deste mirante.

Na página seguinte, Nicolas decidiu aproximar-se do mirante e teve o pressentimento de que os vidros partidos calam conversas. E não se resignou à indiferença.

This is probably the most beautiful verandah in Oporto. Despite the holes in the windows and the deterioration which threatens to spoil its glory, its allure endures. Walking through the Infante district near the river, the photographer tried to visualize how it would be to watch ships arriving from the other side of the verandah's glass.

Next page, Nicolas decided to walk toward the lovely verandah he'd spotted and was pervaded by a sense that silence wasn't golden, after all, but made of glass.

«A antiguidade do Porto rebenta-lhe por todos os poros» (Alberto Pimentel). As pedras, a penumbra sucessiva do tempo, a epiderme da cidade, o carácter das suas convicções. Nada disto se pode mostrar com nitidez, apesar de ser essencial. Nicolas procura esse contacto, pacientemente, até que a antiguidade o envolva com uma suavidade crepuscular.

«The antiquity of Oporto breaks through its present-day surface everywhere,» wrote Alberto Pimentel. And the city's stonework, its armor, does indeed reveal successive shadows of time, specific tonalities of personality. Not that all this can be revealed in a photograph. And yet Nicolas patiently searches out such encounters with the past, until the antiquity of the city wraps around him with a twilit softness.

Um recanto da aldeia,
ou um fragmento de cidade?
Nicolas, o forasteiro a quem
fazemos companhia, guarda
para sempre este anacronismo
da paisagem.
A tradição literária ligada
ao Porto identifica-o como
uma cidade romântica.
As recordações desse
romantismo encontram-se
espalhadas um pouco por todo
o lado. Meditativo, o passeante
que procure tais rastos, poderá
sempre recolher-se alguns
momentos no interior
de uma igreja.

*A corner of a village or a place
in the city? Nicolas, the stranger
come to keep us company,
treasured such anachronisms of
the landscape.
A certain Portuguese literary
tradition holds Oporto to be a
romantic place, and reflections
of this old romanticism can be
found most everywhere.
Those following the trail of such
a legacy – and who have a more
contemplative nature – can
always find time for reflection
inside one of the city's many
churches.*

O antigo mosteiro da Serra do Pilar (na página anterior) é uma das referências mais majestosas e persistentes em toda esta paisagem. Dominador, como que paira sobre as construções, dispostas na encosta, como notas numa pauta. Estudioso da paisagem, o fotógrafo escutou então uma estranha música.

The ancient monastery of Serra do Pilar (opposite page) is one of the most majestic and ever-visible landmarks in Oporto. Imposing, it seems to hover over its neighboring buildings, buildings ordered on the hillside like notes on a score.

Ao lado, os eléctricos, durante décadas fizeram parte dos itinerários deste burgo. Agora já quase desapareceram. No Infante, junto à Ribeira, terminava uma linha que acompanhava o rio até à Foz, seguindo depois, junto ao mar, em direcção a Matosinhos. O fotógrafo experimentou os sabores demarcados da nostalgia. Num eléctrico da linha 1, sentado ao pé de uma janela, tomou notas num pequeno bloco, e pensou, pela primeira vez, em ficar no Porto.

Streetcars were very much a part of the of the town's landscape for many decades. Now, they've all but disappeared. In Infante Square, near the Ribeira neighborhood, the line began which followed the river out to the Foz (Rivermouth) neighborhood and which then, at the sea, turned north to continue up to the nearby city of Matosinhos. The photographer, a bit nostalgic perhaps, sat next to a window on a Line 1 streetcar, took notes on a little block of paper, and considered for the first time the possibility of remaining in Oporto.

Do cimo desta rua, pequena
e íngreme, desenha-se
um trecho da zona ribeirinha
que consegue ser de uma
ambiguidade excepcional.
Não fossem os automóveis,
e o espectador ficava por
instantes absorvido numa
mescla de passado e presente.
O fotógrafo experimenta
connosco essa vacilação.

*At the top of this slender
and steep street is a small section
of the riverside neighborhood
that is something of an anomaly.
If there weren't cars around,
you'd find yourself held
momentarily between the past
and present. Here, the
photographer tests this shifting
between time frames out on us.*

Na marginal, é frequente deparar com uma arquitectura quase espontânea, que não se deixa atraiçoar, mesmo em épocas de decadência urbanística. A necessidade de reconstruir, de manter cada sítio, coincide então com uma visão do património.

Along the road bordering the river one still comes upon an almost improvised architecture which remains faithful to the city, even in times of urban decline. The need to rebuild, to keep things in good shape, corresponds to the local people's continued sense of cultural heritage.

Um nome que dá gosto pronunciar: Cais das Pedras. Pouca gente, mesmo no Porto, saberá indicar este lugar ribeirinho da freguesia de Massarelos, como correspondendo ao velho Cais das Pedras. O fotógrafo estava, no entanto, munido desta indicação. Talvez por isso, captou melhor o envolvimento singular desta zona, onde ainda se notam traços do século XIX, em sobreviventes fundições e moagens. Na esquina, por detrás das janelas protegidas por toldos, fica um dos mais discretos e qualificados restaurantes: o Dino, como é familiarmente conhecido pelos seus frequentadores habituais.

A name which sounds good to the ear: the Cais das Pedras (Quay of Stones). Few people, even in Oporto, would know that the place pictured in this photograph, in the Massarelos section of the city, corresponds to the Cais das Pedras. The photographer was, however, provided with this bit of information. And maybe because of that, he was better able to capture the singular landscape of this area, where you can still see traces of the 19th century in the mills and building foundations. In the corner, behind the windows shaded by awnings, is one of the city's most discreet and distinguished restaurants: Dino, as it is known by regular customers.

54

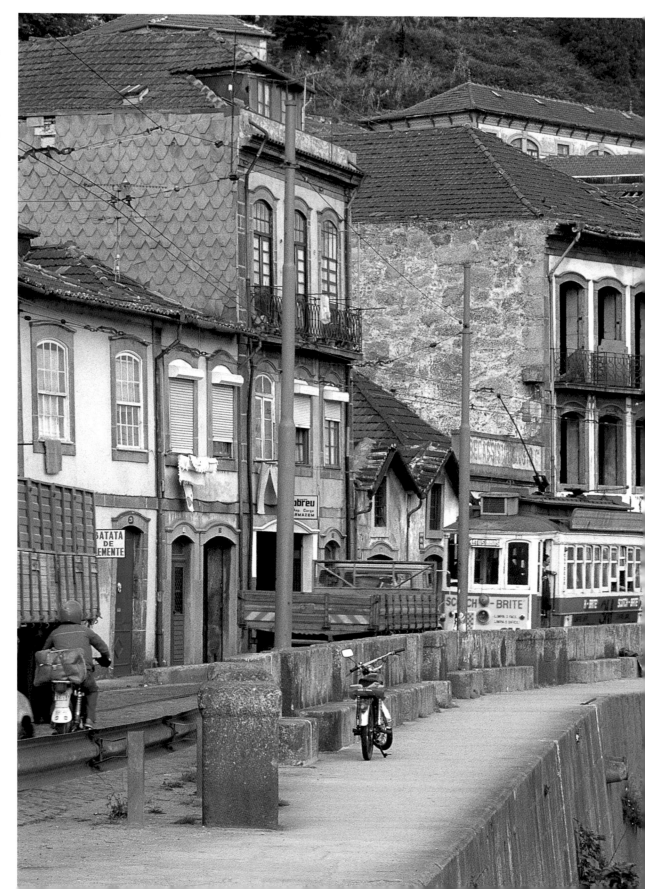

Desta torre avista-se o infinito. A cidade deixa-se ler, ao mesmo tempo que os telhados e as fachadas circundam este lugar por instantes tornado definitivo. Aquela leitura, luminosa, dá então a perceber as razões de uma topologia secreta. Lá no alto, o fotógrafo mede forças com a cidade. Assim, de repente, pode tratar-se de uma povoação mediterrânica. Um fotograma suspenso num enredo com epílogo desconhecido. Persiste a atracção pelo azul do céu. Palmeiras e telhados misturam-se numa relação intensa e apaixonada. Aparentemente tudo comunga de uma paz interior.

From this tower we seem to see out to infinity. And yet, at the same time, as the city generously allows itself to be scanned, the roofs and façades seem to enclose us, possibly forever, turning this into a place of finality. From here, too, a certain luminous gaze seems to give us an understanding of the reasons behind the city's labyrinth-like topology. And at the very top, the photographer measures his forces against those of Oporto, suddenly considering that it may be a Mediterranean city, after all. A snapshot caught in an intricate web with a fate unknown. And yet, blue is still wedded to sky as it always was. Palms and rooftops jumble together gloriously, passionately. And everything seems to partake of an inner peace.

57

Esta, bem poderá ser uma daquelas casas que testemunham a riqueza e um certo entendimento do esplendor, coisas a ostentar no regresso do Brasil, há mais de cem anos atrás. Eça de Queiroz, romancista que provavelmente o fotógrafo nunca leu, escrevia em 1872: «O Porto, hoje, é uma cidade larga, bem anafada, com ventre, brasileira, um pouco sonolenta, cheia de poetas líricos, e ávida de baronatos.» Dessa fartura nova-rica, resta agora uma pálida imagem, rematada pela conversão em «dispensário de higiene mental».

This house looks like one of those which testify to the wealth and penchant for opulence in the Portuguese who came back from Brazil more than 100 years ago, carrying with them a desire for ostentatious display. Eça de Queiroz, a Portuguese novelist whom the photographer probably never got to read, wrote in 1872: «Today, Oporto is an ample city, portly, with a big belly, Brazilianized, a little drowsy, brimming with lyric poets and greedy for titles.» In this particular case, what remains of this nouveau riche abundance is but a pale reflection, recently topped off by conversion into a mental health clinic.

Na página seguinte, uma cidade pode ser frequentada com intenções prévias, tal como um museu ou uma biblioteca. O melhor acontece quando nos esquecemos daquilo que procuramos. Chegado a esse estado de abandono, em que o espírito se confunde com aquilo que vai encontrando, o fotógrafo sente, por fim, predisposição para fotografar. Esta casa não existe, ou melhor, existe agora pela primeira vez. O encanto de a ver, e de ver, através dela, outras casas, depressa cria um clima familiar.

Opposite page, although you can plan an outing in a city, like you would time spent in a museum or library, the best things seem to happen when you forget what you're looking for, when you reach that stage of self-abandonment where your spirit seems to come together with what's being discovered. It's then that, if you're a photographer like Nicolas, you feel ready to take out your camera. During such magic moments, it may even seem to you as if a house like this didn't exist before, as if it's being seen for the first time. And the joy of seeing it, of seeing other houses in it, creates right away a feeling of being at home in the world.

58

Muitas pessoas que vivem em freguesias afastadas do centro ainda hoje dizem por hábito: «Vou ao Porto». A cidade cresceu e as distâncias diminuiram, embora se perca cada vez mais tempo a ir de um lado para o outro. Nicolas não teve este problema, obedecia a outro ritmo. Só assim conseguiu esta imagem, parada no tempo, testemunho fictício dessa experiência esquecida: ir ao Porto, fazer compras, nos armazéns que não regateavam novidades.

Out of habit, many people living in the city's outer neighborhoods still say when going downtown, «I'm going to Oporto.» The city has grown, and most of the empty space between locales has been filled in. Yet residents lose more and more time getting around. Nicolas didn't have this problem, however, following as he did his own rhythms. It was only in this way that he managed to get this shot, frozen in time. It stands as witness to a long-forgotten ritual – going to downtown Oporto to do some shopping in stores carrying the very latest fashions.

Numa cidade onde o significado urbanístico desta palavra está, com o correr dos anos, cada vez mais perto daquilo que é mau, ou que é feio, os pavões são agora outros. É por isso que este emblema dos Armazéns Cunha se tornou inimitável.

In a city where the meaning of «urban» has become, over the years, ever more synonymous with what is ugly and awful, peacocks and other beautiful creatures have entered the endangered species list. And so, Cunha Textiles has become a kind of nature reserve.

61

As letras incompletas, deixam no entanto adivinhar a palavra. Na boca de cena de um comércio quase desaparecido, resistem heróis e corcéis. Os guardiães dos «Armazéns do Castelo» continuam no seu posto. Assim dá gosto fazer compras.

Although there's some letters missing, we can guess at the words – Armazéns do Castelo (Castle Warehouses). At the very center of an almost vanished way of doing business, there endure heroes on great steeds. It makes you want to get in there and do a bit of shopping yourself.

Insólita construção neo-gótica, magnífica
e cenográfica. Quem se aproximar da
montra vê intermináveis estantes de livros
e uma escadaria teatral. A «Lello» não é
uma livraria vulgar, como vulgar não foi o
seu passado. Nicolas desconhece que está
perante uma clássica editora portuguesa.
Mas deixou-se guiar por uma curiosidade
sugestiva, que conduz à tradição.

The Lello Bookshop is a magnificent and
highly unusual neo-gothic construction.
Coming close to the windows, you can see
endless bookshelves rising to the ceiling and a
dramatic central staircase. As you might
guess, its past is hardly typical either; it's been
a well-known publishing house for many
years, as well. Nicolas didn't know that,
however; he discovered Lello by letting himself
be led around by his curiosity.

«Imperial», nome de botequim. Sobrou o nome. O antigo café foi transformado numa loja que vende «hamburgers» de uma marca conhecida. Sinal do declínio de uma civilização. Felizmente prevaleceu o bom senso arquitectónico, mas o tempo portuense dos Cafés está irremediavelmente perdido.

«Imperial» was the name of this café. And these days, the name is all we have; this popular old spot was turned into a fast-food restaurant which sells the hamburgers of a well--known chain. A sign of the decline of civilization, perhaps. Happily, at least its outward appearance was maintained. Even so, Oporto's era of great cafés has been forever lost.

64

O transatlântico navega por muitos mares, atracou e fez-se ao largo, visitou portos que nenhum mapa assinala. O vitral domina o balcão e as mesas. Os Cafés do Porto, (este era «Imperial»), constituem um bom motivo para fazer a história de gestos desaparecidos, ambientes arruinados, de tertúlias que já não conspiram. Nicolas tomou um refresco, enquanto contemplava o transatlântico encalhado.

The Transatlantic sailed on many seas, even visited ports not pictured on any map, then reached land and docked on Oporto's main square inside the Imperial Café. Its stained glass rises over the tables and the counter. Such cafés in Oporto provide a good excuse for talking about the history of lost habits, ruined interiors and old literary cliques which no longer conspire against anyone. Nicolas ordered a drink while he considered the Transatlantic *having hit shore in Oporto.*

Algumas confeitarias resistem à fúria inovadora da chamada «sociedade de massas». Hoje, as senhoras da burguesia portuense já não fazem do lanche nas confeitarias da «baixa», um ritualizado intervalo a meio das compras. O vitral elegante de uma dessas confeitarias do Porto, convida a uma pose impossível de imitar.

Some bakeries persist despite the «innovations» of so-called mass culture. These days, the middle-class women of Oporto no longer get an afternoon bite to eat at the bakeries downtown, once a ritualized pause between shopping excursions. The stained glass of one of these bakeries suggests a pose that would be impossible to imitate.

É uma espécie de Rainha, esta mercearia da Rua Formosa. Com o passar dos anos a Pérola adquiriu uma aura. O fotógrafo estimou esta montra incomparável. Saber apreciá-la, é também um gesto de resistência.

It's a bit regal, this produce store – the Pérola – on the Rua Formosa, and over the years it's acquired something of an aura. The photographer found this window beyond comparison. To know how to appreciate such things is also an act of rebellion against recent changes made for the worse in Oporto.

Intacta na sua caligrafia, a palavra guarda ressonâncias de um Império que a memória às vezes atraiçoa. Nicolas reescreve a palavra, copia com gosto cada uma das letras. O chá, no Porto, também pode ser uma forma das pessoas se resguardarem no quotidiano, mas só alguns sabem como prepará-lo.

The word «Chá» (Tea), its lettering intact, seems to hold old memories of an Imperial Café we sometimes forget, and Nicolas copies the word eagerly into his notebook. In Oporto, tea is one way for residents to remind themselves of the comfort of daily habits, but only a few local people really know how to prepare it.

69

Antes da cidade ter sido escandalosamente poluída por centenas de «outdoors», uma frase afirmativa e categórica, era capaz de se destacar com inteligência na sobriedade monocromática de um muro de granito: «o melhor café é o da Brazileira». Alguém se atreve a duvidar?!

Before the city was horribly disfigured by hundreds of billboards, the modest monochrome granite of a wall might simply be painted with a catchy slogan like, «Head to the Brasileira Café for the Very Best Coffee!» Could anyone ever doubt it?

71

Quando era pequeno tive uma garagem de madeira pintada de amarelo com o telhado encarnado. Guardava lá dentro automóveis em miniatura, semelhantes a este, que parece deslizar por cima das letras da memorável «Garagem Aurora». A miniatura que me entreteve, nos idos anos 60, deve ter sido comprada no velho «Bazar dos Três Vinténs», na Rua de Cedofeita. Nicolas não teve uma infância portuense. E no entanto, esta reconfortante proximidade com o meu brinquedo desaparecido.

Na página seguinte, se o Fluvial não fosse uma instituição consagrada, bastaria esta fachada de recorte modernista, para se aperceber que estamos diante de um peculiar clube desportivo que nasceu do rio. As sombras das varandas, projectadas nas paredes, ampliam este prestígio, que Nicolas intuiu.

When I was little, I had a toy garage made of wood and painted yellow with a red roof. I kept miniature cars inside it, not unlike this one, which seems to be sliding above the letters of the locally famous Aurora Garage. The car I liked most back then in the 1960s was bought, I think, at the Bazar dos Três Vinténs (The Threepenny Bazaar) on the Rua de Cedofeita. Nicolas didn't grow up in Oporto, of course, and yet he's captured this comforting likeness to my long-gone toy.

Opposite page, even if the Fluvial (River Club) didn't have a well-established reputation, this modernist door would be enough to tell you that you've reached a singular sports facility, one whose history is intimately tied to the Douro River. The shadows on the verandahs and falling on the walls enhance its grandeur, something Nicolas understood intuitively, of course.

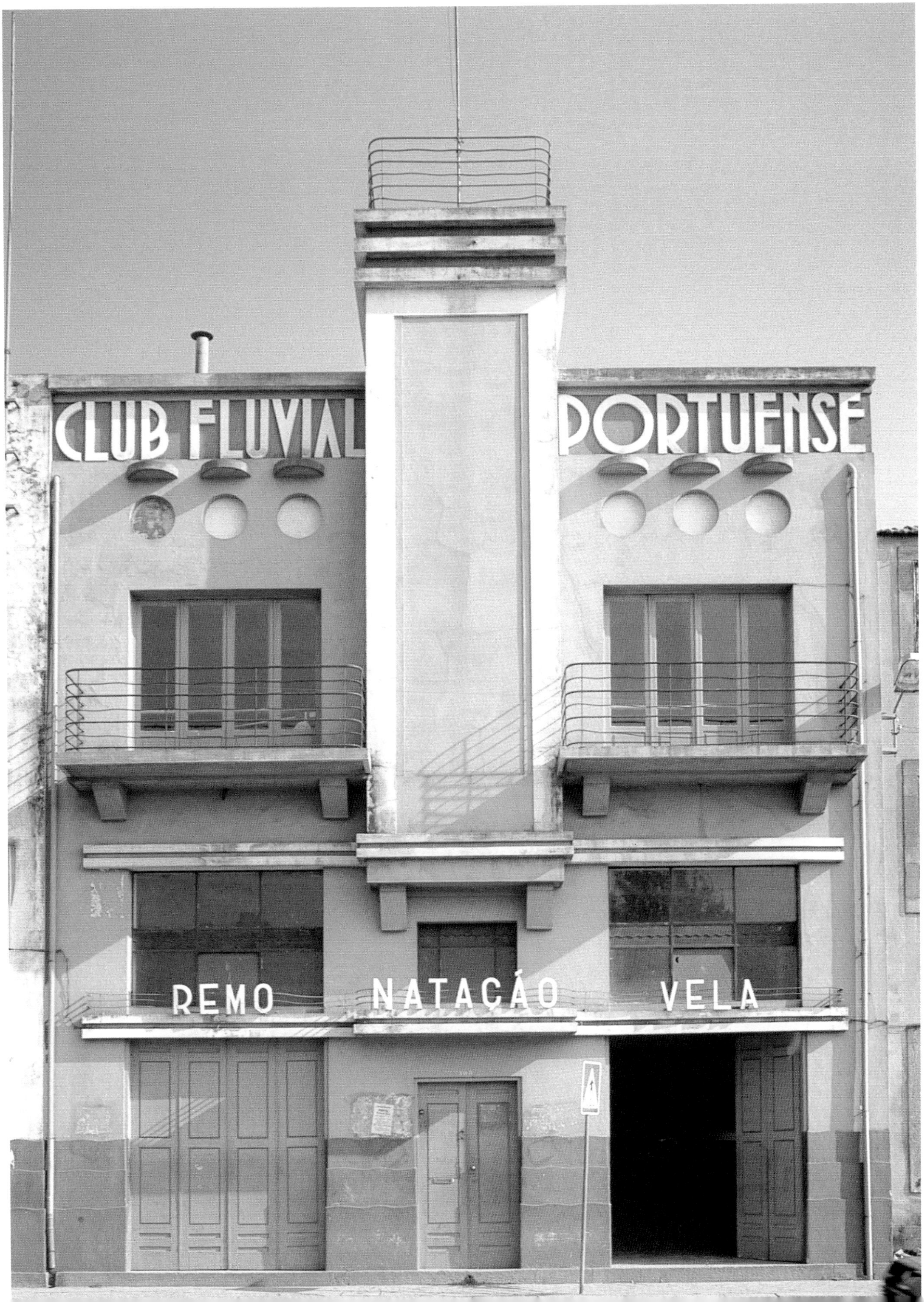
CLUB FLUVIAL PORTUENSE
REMO
NATAÇÃO
VELA

Num belíssimo livro de um grande poeta contemporâneo, Nuno Júdice, um mostruário de jornais é associado ao «Movimento do Mundo». O fotógrafo, movido por uma natural intuição, viu os títulos e leu-os, mesmo sem conhecer a língua em que estavam redigidos. Foi então que o quiosque rodou, como um escaparate, imitando, numa esquina doPorto, o próprio «Movimento do Mundo».

In a beautiful book of verse by a great contemporary poet, Nuno Júdice, a shop window full of newspapers is associated with the «Rotation of the Earth.» The photographer, prompted by his intuition, noticed these headlines and read them to himself, even without knowing Portuguese. It was then that the kiosk turned, imitating, in a corner of Oporto, Júdice's «Rotation of the Earth.»

Nesta página, aproximam-se dois espaços inconfundíveis: o mercado do Bom Sucesso, lá atrás, emaranhado de cheiros intensos, cores e ruídos, o fulgor da vida por excelência; e o cemitério de Agramonte, com alguns interessantes monumentos funerários (capelas tumulares de antigas famílias, Pinto da Fonseca, Andressen e Pereira Cardoso, todas com esculturas de Teixeira Lopes), a evocação de tragédias (o incêndio do teatro Baquet, Março de 1888), o desgosto ritual da morte. Mas é sobretudo o silêncio que aqui se exprime.

In this page, two unmistakable landmarks come together: at the back, the Bom Successo marketplace, throbbing with intense colors, sounds and scents, the very quintessence of city life; and in front, the Agramonte cemetery, offering us evidence of past tragedy (the fire in the Baquet theater of March 1888, for example) and more obvious associations with the sad and everpresent rituals of death. Agramonte has several astounding mausoleums and some beautiful headstones, and it boasts chapel-tombs belonging to many old Oporto families (the tombs for the Fonseca, Andressen and Pereira Cardoso families all have sculptures by Teixeira Lopes). Above all, it is pervaded by a great silence.

As dimensões da fé encontram no Porto traços de ecumenismo. As colónias estrangeiras, sobretudo a britânica, são parte substancial da biografia, e os seus lugares de culto constituem-se, naturalmente, referências na paisagem urbana. Estranha, à primeira vista, esta igreja Evangélica, na Praça Coronel Pacheco, recebe a sombra das árvores do jardim. Na esquadra de polícia que fica perto, muito poucos saberão que «nenhum outro nome nos foi dado para sermos salvos».

Religious life in Oporto includes traces of the Protestant faith; foreign communities, particularly the British, have contributed greatly to the city's history, and their places of worship have, over the years, become landmarks. At first glance, this Evangelical church in Colonel Pacheco Square, shaded by trees in the surrounding garden, seems a bit strange. And few in the police station next door have probably read the Biblical quote on the façade which says: «No other name was given us so that we might be saved.»

Na página seguinte, um velho estudioso do Porto, Carlos de Passos, publicou em meados da década de 30 um guia histórico e artístico que é hoje uma pequena relíquia. Uma dezena de páginas contam com pormenor as vicissitudes desta igreja dos Congregados. Vale a pena percorrê-la com o «Guia Histórico e Artístico do Porto», que a Livraria Figueirinhas – hoje injustamente esquecida – publicou. O percurso deverá ser adequado ao sabor das descrições do autor: «a fachada de um barroco moderado», etc... Apetece ir à missa aos Congregados.

Opposite page, an old scholar from Oporto, Carlos de Passos, wrote a guide to the city in the mid-1930s which is today considered a small treasure. In this «Historical and Artistic Guide to Oporto,» published by Figueirinhas Books (unjustly forgotten), a dozen or so pages recount in detail the history of the Congregados Church pictured here. Although it should be said that his aesthetic view of it might not be seconded by present-day tour guides. After all, isn't his description of this church as having a «modest baroque» façade something of an oxymoron?

Os Paços do Concelho foram inaugurados em 1957,
muitos anos depois do arquitecto António Correia da Silva
os ter desenhado. Mas a data pouco importa, quando se
percorre a Avenida com o pensamento absorto nas
referências inglesas que Barry Parker projectou, com
requinte e desenvoltura urbanística. A qualidade
do edifício, a excelência do envolvimento e as saudades
da velha esplanada da cervejaria Sá Reis, fazem parte
da história.

Oporto City Hall was inaugurated in 1957, many years
after being designed by the architect António Correia da Silva.
But the date is hardly seems important when you walk by,
your attention drawn to the English touches of the central
square in front, designed by the architect Barry Parker with
great skill and style. The quality of the City Hall building
and its superb siting make it a true landmark. And yet there
remains a certain nostalgia for the old esplanade of the
Sá Reis Beer Hall which used to be here.

«O Comércio do Porto»,
(na página anterior), era o jornal
que se lia em minha casa quando eu
era pequeno. Nunca pude conversar
com Nicolas a esse respeito.
Mas esta fotografia devolve-me,
intacta, a certeza de ter aprendido
muito cedo a gostar de jornais.
Agora «O Comércio do Porto»
já não mora aqui, mas de certa forma
esta esquina ainda lhe pertence.

*The Comércio do Porto was the
newspaper read in my house when I
was little – a part of Oporto history
which Nicolas and I never got to talk
about. But this photograph reminds me
that I learned very young to enjoy
reading the paper. The Comércio do
Porto is no longer among us, but this
corner still belongs to it.*

Uma inesperada iconografia de aparência oriental, possível motivo de inspiração para um logotipo… O Porto, entendido aqui como fornecedor de recursos para uma imaginação gráfica, capaz de servir os mais delirantes projectos. O fotógrafo é também um minucioso prestidigitador.

An unexpected, Oriental-looking design of some sort. It almost looks as if part of it could be adopted as a company logo. As a source for the imagination, Oporto is capable of inspiring some artistic leaps, and here, the photographer has become something of a magician.

«A Juventude» foi o nome
escolhido pelo seu autor, o escultor
portuense Henrique Moreira, para
esta peça em mármore. O fotógrafo
não podia encontrar nela
o deslumbramento das esculturas
italianas, e no entanto sentiu-se
atraído por este conjunto
ornamental que a Avenida aceita
de bom grado.
«A Juventude» renovou-se então
numa dádiva em que poucos
reparam.

*«Youth» was the name given to this
marble sculpture by the artist, a
sculptor from Oporto named
Henrique Moreira. The photographer
wasn't able to discover in it the
magnificence of classical Italian
sculpture, of course, and yet he found
himself attracted by the decorative
composition it formed with the square
– proving, I suppose, that «Youth»
can be reborn when we take the time
to actually look at it.*

A estátua de D. Pedro IV reina
na Praça da Liberdade, associada,
de acordo com os memorialistas,
à vida cívica e política do Porto.
A figura, marcante no imaginário
colectivo dos portuenses, é um
digno exemplo de estatuária,
(Anatole Calmels, escultor francês
radicado em Lisboa foi o seu autor,
1862). Recortado de encontro
às fachadas sólidas, o bronze faz
parte de um carisma peculiar que
só no Porto encontra razão de ser.

This statue of King Pedro IV reins
over Praça da Liberdade, Oporto's
central square. He's a king closely
associated with the political life
of the city.
The impressive sculpture itself, long
imprinted in the collective memory of
residents, was made in 1862 by
Anatole Calmels, a French artist
who came to settle in Lisbon.
In front of the imposing façades
of the square, the bronze evidences
a charisma particular to Oporto.

Nicolas não sabe português
o suficiente para jogar com
as palavras. Já tomou o pulso à
cidade. Teve-a na mira, namorou-a,
admirou-a. O terreiro da Sé
Catedral é favorável à evolução
destes sentimentos. De guarda,
a figura algo mítica de Vimara Peres
(escultura de Barata Feyo, 1968)
proporciona uma reconfortante
tranquilidade que o fotógrafo
transmite.

*Nicolas doesn't know Portuguese
well enough to make plays on words.
Yet he already had the city in his
sights – had wooed it and admired it.
The patio of the Cathedral is
propitious for the development of
such strong feelings about the city.
Guarding over this locale is the
somewhat mythical figure of Vimara
Peres, a sculpture made by Barata
Feyo in 1968. Peres seems to bestow
a soothing peace upon the scene, a
feeling clearly transmitted by the
photograph.*

84

A arquitectura em ferro tem nesta
cidade notáveis exemplos.
Este antigo mercado, construído
em 1888 por uma extinta fábrica
portuense que se celebrizou,
a Companhia Aliança (conhecida
como Fundição de Massarelos),
foi integralmente recuperado há
alguns anos. Já acolheu exposições
notáveis. É por natureza um
espaço cultural, infelizmente só
ocasionalmente utilizado para esse
efeito. Nicolas observa-o e
escolhe-o. O mercado comove,
a sua engenharia interior tem
qualquer coisa de futurista, é um
fétiche urbano.

There are many noteworthy examples
of ironwork design in Oporto. This
old marketplace was built in 1888 by
the Aliança Company, a local factory
also then known as the Massarelos
Foundation and which is no longer in
business. It was completely renovated
a few years ago and has housed some
important exhibitions. It's very design
makes it a perfect place for such art
exhibits and cultural events, but,
unfortunately, it's only occasionally
used for such purposes. Nicolas
observed it for quite some time. It's a
moving building, with its inner
engineering evidencing something
of Futurism. And a tangible, almost
sexual desire, as well.

85

O fotógrafo admirou a pose realista e dramática do marinheiro, a sua força e determinação. Na esplanada da Avenida do Brasil, em frente ao mar, esta estátua (da autoria do escultor Américo Gomes) dá, também, o nome a uma praia que já conheceu melhores dias: Homem do Leme. Até há pouco tempo a praia ainda era concessionada a uma antiga família de banheiros de Carreiros, os Teixeira. Carreiros, era como se chamava originariamente este lugar, quando era só um núcleo piscatório escolhido por alguns veraneantes de oitocentos, e habitado por umas poucas famílias conhecidas.

The photographer admired the realistic and dramatic pose of this sailor, his force and determination. Located inside the esplanade at the Avenida do Brasil, facing the sea, this statue, «Man at the Helm» by Américo Gomes has given its name to the beach in front, one which has seen better days. Up until a few years ago, this beach was franchised out for cabana rental to an old family named Teixeira, from this very area of the city, once known as Carreiros. It had that name when it was just a little fishing area frequented by a few 19th-century summer vacationers and inhabited by several well-known families.

Na página seguinte, a arquitectura acaba, em certos casos, por ser uma espécie de vestimenta que se cola à pele da cidade. Pelo menos Nicolas tem esta sensação ao ver muitos edifícios públicos, que remetem para uma austeridade conotada com a década de 40. Uma austeridade sólida, sem excessos de imponência, pontuada por um ou outro elemento decorativo, se as circunstâncias o exigirem. A pose algo solene desta heroína, o escudo onde se apoia, o seio destapado, tudo isso completa o sentido de uma heráldica que o fotógrafo se entretém a refazer.

Opposite page, architecture seems to become, at times, a kind of clothing for a city. At least, that's the sensation Nicolas had while looking at Oporto's public buildings, structures which hearken back to a time of austerity in the 1940s – a stolid austerity, without excesses of grandeur, yet highlighted by impressive decorative detail when called for. There's something solemn in the pose of this figure, the shield she's leaning on, her uncovered breast… It's a symbolic work of art which the photographer seems to be considering re-configuring with his lens.

Os azulejos, abundantes no Porto, constituem uma espécie de história aos quadradinhos, organizada em episódios, por muitas paredes da cidade. Nesta imagem nada de imediatamente narrativo. O requinte de um pormenor, um detalhe de arquitectura. A precisão das linhas e a delicadeza dos motivos revelam uma casa a visitar.

The tilework of Oporto, seen pretty much everywhere on walls throughout the city, forms a kind of artistic history demarcated into comic-book panels, organized in scenes. In this panel, there's nothing suggesting a narrative, however. It's simply an architectural detail, a touch of elegance. But the exactitude of its lines and the delicacy of its figures indicate that it's a house worth taking a second look at.

O granito recorta os azulejos. As portas (o que se vê delas), simétricas, encerradas para sempre. Adivinha-se uma casa enorme e a conversa infinita que os azulejos mantêm com o tempo. No Porto, as ruas que recebem casas centenárias exprimem um orgulho inconfundível.

In Oporto, granite often limits the extent of tile paneling. Doors, at least what we see of them, are usually symmetrical and forever closed. This looks to be an enormous house, carrying inside it an ongoing dialogue between tilework and time. In Oporto, streets lined with houses from the last century still exhibit a clearly visible pride.

Consoante se ia envolvendo com o Porto, e passeava de uma para a outra margem do rio, Nicolas foi construindo pequenos labirintos, dos quais acreditava ser possível sair. Por vezes ficava parado, durante muito tempo, exercitando a atenção, concentrando-se. Foi assim que descobriu este apontamento arquitectónico, de uma cuidada sensualidade.

Na página seguinte, não fora a proximidade do siloauto e esta capelinha dir-se-ia pertencer a uma aldeia perdida. Desprende-se dela uma atmosfera bucólica que nada tem a ver com a montra da confeitaria que fica do outro lado da rua, nem com o semi arranha-céus do hotel instalado nas imediações. Reparei sempre nas cortinas, muito brancas, nas janelas da casa onde provavelmente vive o padre.

In walking all over the city, in shuttling from one side of the river to the other, Nicolas' pathways came to resemble small labyrinths. Yet he believed escape possible. Sometimes, inside one or other of these mazes, he would come to a halt for a long time, attentive, concentrating on something he'd seen. That was how he came upon this architectural highlight, one of a studied sensuality.

Opposite page, not far from the Siloauto parking garage is this little chapel which seems to belong to a lost village. It possesses a rustic feeling which has absolutely nothing in common with the window of the bakery on the other side of the street. Nothing in common, too, with the nearby hotel-skyscraper. I always notice the very white window curtains in the house where the priest probably lives.

Em meados dos anos 80, Hélder Pacheco, investigador das tradições portuenses, até então praticamente desconhecido, publicou um excelente roteiro cultural que revolucionou o panorama português nesta matéria. Trata-se de uma obra de referência, que nos permite, por exemplo, ficar a saber curiosidades preciosas. É o caso deste revestimento de azulejos, numa igreja do século XVIII, que é, no entanto, bem recente. Formal e tematicamente (martírio de Santa Catarina, encontro de S. Francisco de Assis com o Papado), as características da obra são do século XVIII, mas no entanto foi realizada em pleno século XX, pelo artista plástico Eduardo Leite.

In the mid-1980s, Hélder Pacheco, a then largely unknown specialist on the traditions of Oporto, published an excellent cultural guide which revolutionized thinking on what Portuguese city guides should be. It's an indispensable work, filled with overlooked details. Regarding these tile panels, for instance, Pacheco tells us that they were made by Eduardo Leite and only affixed to the exterior of the Capela das Almas (Chapel of Souls) – an 18th century church – at the beginning of the 20th century. Imitating tile panels made in the 18th century in both style and coloring, they recount the martyrdom of Saint Catherine and the meeting of Saint Francis with the Pope.

Na página seguinte, a capela das Almas fica na esquina da Rua de Santa Catarina com a Rua Fernandes Tomás. É o encontro de uma santa com um patriota e político liberal bem representativo dos valores e ideais portuenses. Coincidências da toponímia, incapazes, no entanto de afastar o semáforo que Nicolas preferia não ver a estragar o cenário.

Opposite page, the Capela das Almas sits at the corner of the Rua de Santa Catarina and the Rua Fernandes Tomás. In effect, it's the meeting point of a saint with a liberal politician representative of the values and traditions of Oporto. A coincidence of topography. But even such fortunate coincidences are unable to eliminate the traffic light which Nicolas would have preferred not to get in the way of his composition.

As pedras, o seu apelo indizível,
as figuras simétricas, um exercício
em torno da profundidade da alma.
Quantos olhos se demoraram aqui,
decifrando o que está muito para
além das palavras?
Na página seguinte, o leve sorriso
do anjo. A perfeição dos azulejos
aproxima-nos desta figura envolta
em motivos vegetais. Indiferente a
tudo, o anjo permanece fiel a uma
beleza inatingível.

*This stonework, with its symmetrical
figures and ineffable appeal, seems
to raise speculations about the nature
of the human soul. How many glances
have paused here trying to decipher
what is beyond words?*
*Opposite page, the delicate smile
of an angel. The perfection of tile
revealed to us by a figure framed
by floral imagery. Indifferent to
everything, this angel remains loyal
to an unattainable beauty.*

O painel de azulejos evoca os Descobrimentos Portugueses. Este ornamento exterior da igreja do Corpo Santo (em Massarelos, próximo da Foz do rio Douro) integra-se numa tradição querida a marinheiros e pescadores. S. Pedro Gonçalves, o Infante D. Henrique, a devoção de Nicolas entretanto feito companheiro de navegantes do Norte, e irmão da Confraria das Almas…

The story told by this tile panel has to do with Portugal's Age of Discovery. It decorates the exterior of the Church of the Corpo Santo (Holy Body) in the Massarelos neighborhood, near the end of the Douro River. Such panels belong to a tradition dear to sailors and fisherman. In taking photographs of Prince Henry the Navigator, Saint Pedro Gonçalves and other figures represented in tile, it appears that Nicolas has made himself companion to our great explorers from the north of Portugal and a brother in the Fraternity of Souls.

A cabeça do anjo, tocada pela chave do paraíso, num expressivo aceno de dúvida... Onde residirá, afinal a verdade do Mundo? Nicolas questiona-se, uma vez mais, por força deste encontro, com a alma do Porto. Na página seguinte, o leão alado exibe o livro. A âncora, lembra «O Anjo Ancorado», de José Cardoso Pires. O fotógrafo já tinha ouvido falar do contador de histórias e achou o título genial. Apeteceu-lhe pedi-lo emprestado para acompanhar esta fotografia de entes irreais.

The head of this angel, touched by the key of heaven, shows an expressive nod of doubt. Where does the truth of the world reside, in the end? Nicolas asks himself this, once again, due to an encounter with the essence of Oporto. Opposite page, a winged lion shows us a book. The anchor pictured brings to mind «The Anchored Angel,» a novel by José Cardoso Pires, a contemporary Portuguese writer. The photographer had already heard of Pires and thought that his book title was wonderful. He felt like asking to borrow it for this photograph of fantasy beings.

Uma flor debruada a granito, perfeita na sua essência
carnal. Nicolas vagueou por este jardim suspenso
que o Porto oferece, qual Babilónia encantada.
Na página seguinte, «Na sombra Cleópatra jaz morta»,
as manchas de humidade e musgo, no granito, parecem
o eco dessa sombra de que fala Fernando Pessoa
no seu poema. Nicolas organizou esta aleatória
evocação portuense do escritor dos heterónimos.
Todas as fotografias são inesperadas…

A flower surrounded by granite – a perfect presence.
Nicolas took his time inside this Oporto garden, a bit of
the legendary hanging gardens of Babylon, perhaps.
Opposite page, «In the shadow Cleopatra lies dead…»
The moisture marks and moss on the granite hearken
back to that shadow spoken of by the great 20th-century
Portuguese poet Fernando Pessoa. Nicolas conceived
this strangely organized reference to our famous man of
multiple pseudonyms and personalities. A photograph
which catches us a bit off guard, like the poet himself.

As partículas coloridas no interior
de um caleidoscópio formam
composições belíssimas, muito
parecidas com este azulejo que
Nicolas quis isolar. As variações
da luz do Porto, conferem-lhe, no
entanto, uma suavidade irresistível.
Na página seguinte, Nicolas foi-se
habituando à cidade, esqueceu datas
e compromissos. Voltou repetidas
vezes aos mesmos lugares, e
estremeceu perante estas figuras,
cúmplices, serenas, quase carnais.

*The colored pieces of glass inside a
kaleidoscope can create dazzling
patterns not unlike this tile panel
captured by Nicolas. The different
gradations of light in Oporto give it
an appealing softness.
Opposite page, as Nicolas began to
really get to know the city, he started
to forget about appointments and dates.
He returned over and over to the
same places. This place, for instance,
where he found himself greatly moved
by these sympathetic, serene, almost
carnal figures.*

Esta fonte (na página anterior), deu à Praça onde se situa o nome pelo qual toda a gente do Porto a conhece (Praça dos Leões). Nicolas convida-nos a olhá-la sem pressa. Lembro-me que quando era muito pequeno, ia ao Porto às compras com a minha mãe e os Leões tomavam uma proporção vagamente ameaçadora, como se de repente fossem capazes de se soltar...

O Porto é uma cidade onde o olhar se deixa conduzir, tranquilo, pela inteligência de um outro olhar. Existem muitos motivos de interesse, e não é de estranhar que alguém encontre um pretexto para exercitar os sentidos, onde outros apenas descobrem uma curiosidade ornamental. Nicolas possui qualquer coisa de alquimista. Dir-se-á então que esta imagem é de uma profunda riqueza.

This Fountain of Lions gave its name to the square it centers. Here, Nicolas invites us to take our time looking. When I was little, I used to go downtown shopping with my mother, and I always thought that the Lions looked a bit scary, as if at any moment they might leap toward me.

Oporto is a city where your gaze flows over things, meditatively, according to the demands of what lies deep inside you. Interesting motifs appear everywhere, and it's only to be expected that some people get excited by a particular object or figure while others merely consider it an ornamental curiosity. Nicolas has something of the alchemist in him, and this particular photograph carries a rare wealth deep inside it.

O abstracionismo geométrico destes quadros, a transparência da luz decantada em jogos que se sucedem ao longo dos dias. Os dias, que passam por detrás dos vidros. O fotógrafo, por momentos prisioneiro desta pintura decorrente. Como é possível passar para o lado de dentro das coisas e surpreender aí uma outra vida, que ninguém conhece?

The geometric patterns in these stained-glass windows make them look like paintings, yet their play of light goes on day after day. The photographer is momentarily made prisoner inside their image. How might it be possible to move into the interior of things and come upon a different kind of life, unknown to anyone?

106

O património imaginário do Porto não seria o que é hoje sem o filme «Aniki-Bobó» (1943), de Manoel de Oliveira. Nicolas conhecia razoavelmente esta personalidade incontornável da cinematografia europeia. A criança que fotografou, segurando com as duas mãos uma vassoura demasiado grande, olha – como no cinema –, para algo que teremos que adivinhar enquanto espectadores. As grandes portadas corridas acentuam um estado geral de solidão. Esta criança, talvez por isso, tem qualquer coisa dos meninos de «Aniki-Bobó».

The cultural legacy of Oporto would be different today had the film «Aniki-Bobó» – about poor Oporto streetkids – never been made by Manoel de Oliveira, a well-known Portuguese director whom Nicolas got to know during his time in the city. This boy, holding way too big a broom in his hands, is looking at something which we, like people watching a film, can only guess at. The large sliding grilles enhance the general feeling of loneliness. Maybe because of that, this kid seems like he would have been perfect for «Aniki-Bobó.»

Uma casa desabitada? A fotografia tenta em vão responder a esta pergunta. Não se sabe ao certo se este casebre (ou será que são umas águas-furtadas?), serve ainda de abrigo a alguém. A cidade também é feita destas dúvidas que alimentam a miséria. Salva-se uma textura plasticamente interessante, as escamas envelhecidas deste réptil que não conseguimos abranger de uma só vez.

An abandoned house? The photograph tries in vain to answer this question. No one knows if this old home (or series of broken-down flats?) still offers shelter to anyone. A city is made of such doubts, doubts sometimes giving rise to hopelessness. The only saving grace is a certain intriguing texture – the ancient scales of a lizard too big for our glance to capture all at once.

Há uma beleza centenária e até
um pouco cosmopolita na matéria
desta fotografia. O gradeamento
traça as margens de um espaço de
ficção, ao mesmo tempo que
uma curiosidade infantil invade
o nosso espírito.

There's an antique and rather
cosmopolitan beauty in this image.
The railing guards a place which we
no nothing about, into which you can
project a story of your own choosing.
Maybe because of that, a childlike
curiosity takes over your spirit as you
look at it.

Numa crónica publicada, já lá vão alguns anos, num diário portuense, Mário Cláudio falava desta cidade e dos lugares da ausência: «É bom que assim seja, que os sítios onde vivemos de outros sítios se alimentem, pois deles é a essência da alma sem tempo nem forma que lhes corresponda». Gosto particularmente desta citação, da inteligência que a trabalha. É como se a tivesse lido a Nicolas. Dou-me conta de que esta parcela de uma casa alimenta a minha pessoalíssima recordação de uma outra casa, em tudo fiel aos cânones vitorianos.

In an article published some years ago as part of his Oporto diary, the writer Mário Cláudio spoke about the city and the places he no longer ever visited. «It's good that it happens this way, that the places where we live are fed by other places of the past, because they correspond to the center of our formless and timeless soul.» I particularly like this quotation, the intelligence behind it. And it's as if Nicolas had heard it. I know that this image of a house feeds my own very personal memory of another house, also Victorian in style.

É por certo uma fábrica. Sobrevive ainda a dignidade da sua nobreza industrial, empreendedora e carismática. A efígie dos fundadores é um brazão que se exibe ainda, com teimosia, num derradeiro esforço, na tentativa de dar sentido a um mundo que ameaça tornar-se caótico.

Most definitely a factory; the dignity of its industrial, hardworking nobility still endures. The faces of the founders appears in an effigy still stubbornly exhibited, maybe as a last ditch effort to make sense out of a world threatening to fall into chaos.

Através destas
rosáceas chega uma
luminosidade difusa
ao escritório onde
modestos funcionários
equilibram o saldo de
todas as contabilidades.
Talvez ainda hoje seja
assim. O fotógrafo
limita-se a mostrar
esta suposição.

*Through these stained
glass windows a diffuse
brilliance enters a room
where office workers
used to balance the books
and pass their lives.
Maybe it's still that way
today. The photograph
merely raises that
possibility.*

Nas suas deambulações Nicolas encontrou diversos edifícios admiráveis. Em muitos casos teve dificuldades em perceber o que eram, ou para que serviam. Chegou à conclusão que estavam vazios, ou devolutos, como também se diz (agarrada nesta palavra a sensação de um retorno). Pensou então, com prazer, na adaptação desses espaços a novos usos. Como era gratificante manter a aparência promotiva, entretanto apropriada por uma necessidade natural. A fotografia como enunciado de renovação.

While walking around the city, Nicolas came upon many wonderful structures and was occasionally unable to figure out for what purpose they were built. In some cases, he concluded that they had been totally abandoned, and he happily thought up ways to re-design them for new and current uses while maintaining their outward appearance. The photograph as a precursor for renovation.

A fotografia pertence à solidez do edifício: o olhar transformado em trabalho de construção civil.
Em baixo, a arquitectura também é feita de ínfimos pormenores, terá pensado Nicolas, quando se deteve nestas imagens, elogio de uma arte e de uma profissão *liberal* com profundas raízes no Porto.

The photograph takes on the solidity of the building – a glance become a construction.
Architecture is also the sum of many details. Nicolas must have come to that conclusion as he captured in this photograph an homage to an art and profession deeply imprinted in the consciousness of Oporto's residents.

Nicolas achou graça ao nome com que os habitantes do Porto baptizaram esta fortaleza: Castelo do Queijo. Um pouco mais longe, o cais e os guindastes de Leixões acabam por fazer parte da mesma encenação.

Há alguns anos, a pouca distância da Praça Gonçalves Zarco (onde fica o Castelo do Queijo), um petroleiro incendiou-se e naufragou. Acontecimento sem precedentes (foi grande o susto mas evitou-se a tragédia), proporcionou um estranho espectáculo a toda a cidade, e os portuenses acorreram em peso. Nicolas, repórter, surpreendeu a proa, a pique, entretanto desfeita pelo mar.

Nicolas loved the name the people of Oporto gave to this fortress: the Castelo do Queijo (Cheese Castle). A little ways north are the cranes and docks of Leixões, Oporto's modern port.

A few years back, not far from Gonçalves Zarco Square, site of the Castelo do Queijo, an oil tanker caught fire and sank. Such a terrifying site had never been seen in Oporto before, but tragedy was averted. Of course, it was a great show for the whole town, and the residents flocked out to see it by the hundreds. Nicolas, taking on the role of reporter, got this shot of the prow, by then ripped apart by the sea.

Na Cantareira perdura uma atmosfera de pescadores, um silêncio leve e absorvente. Quem passear por aqui, não terá qualquer dificuldade em encontrar as instalações dos Pilotos. A bóia, manchada de lodo e salitre, deixa escapar uma nota de abandono, neste entardecer espiritual.

In the Cantareira neighborhood, the feel of being in a community of fishermen and their families endures, and its delicate and absorbing silence is pervasive. Anyone passing by would easily find the Captains Station, where skippers on the river used to sleep and pass the time before heading upriver. A buoy, covered with mud and salt, seems a bit abandoned in this contemplative afternoon.

O Posto de Socorros a Náufragos (a cargo dos Bombeiros Portuenses) é uma bem situada construção, em plena Foz do Douro. Vale a pena surpreender nela um certo clima balnear, que no entanto não tem obrigatoriamente a ver com o risco do naufrágio. Mesmo ao lado fica uma creche de aspecto vagamente oitocentista e, no mesmo tom, o jardim do Passeio Alegre, com um coreto, um lago, dois curiosos obeliscos de Nicolau Nasoni (deslocados, já ninguém sabe ao certo porque razão) da antiga Quinta da Prelada... Pormenores ordenados ao acaso, e no entanto essenciais a este cenário onde outrora se presenciaram naufrágios memoráveis que entretinham e aterrorizavam a minha, e outras infâncias.

The Emergency Boat Service, under the direction of the Oporto Fire Brigade, is located in the best possible place, right in the Foz section of the city. It looks a bit like something you'd find at the seashore for swimmers, which may or may not have to do with its purpose. Right next door is a kindergarten with a vaguely 19th-century feel to it and, with a similar feel, the Passeio Alegre park, with its bandstand, a lake, and two curious obelisks made by Nicolau Nasoni, taken here from the old Prelada Manor Home for nobody knows what reason. All details scattered a bit randomly, yet essential parts of this place where many memorable shipwrecks have taken place – shipwrecks which entertained and terrorized many a child, including myself.

Certas cidades têm que se merecer. Nada tendo de
extraordinário, esta afirmação, ganha significado próprio
quando somos confrontados com certos detalhes e
cenários, como é o caso. Nicolas respeitou o que há de
mais privado na forma como cada um é capaz de
merecer esta paisagem. Talvez por isso, subsiste nela
qualquer coisa de impenetrável.

Some cities deserve to be appreciated. Nothing unusual in
that remark, but it gains some meaning when we encounter
details and images like this. Nicolas respected the privacy of
how each of us comes to terms with a particular landscape.
Maybe because of that, there remains something which
resists understanding in his work.

122

As oscilações do nível do mar. Assim escrita, a frase podia ser o título de um poema. Nicolas, quis, por certo, reter a natureza, também ela poética, deste instrumento de medição, que os portos do Douro e Leixões vigiam, com uma rotina ora conscienciosa, ora contemplativa.

À direita, os pequenos estaleiros fluviais do Porto, constituem um apetecível itinerário que vale a pena percorrer. Com o seu ambiente único, uma azáfama de artífices há muito habituados ao cheiro dos lodos da maré vasa, estes locais deixam ouvir ainda o eco de histórias mirabolantes sobre pescadores destemidos.

The risings and fallings of the sea. Written this way, it seems like it could be the title of a poem. A bit poetic himself, Nicolas undoubtedly wanted to capture something of the workings of this measuring instrument, which the staff of the Douro and Leixões coast guard watch, sometimes consciously, at other times maybe a bit distractedly.

Opposite page, the small and unique shipyards of Oporto are well worth visiting, their whirlwind of activity bathed in the scent of mud and silt. You may still even be able to hear the echo of epic tales told about courageous fisherman.

«Em certos dias, partia da Régua o barco da carreira. Descia, até chegar ao Porto, o rio de mau navegar». O «Ribadouro» (à esquerda) não é o barco da carreira de que fala João de Araújo Correia nas suas crónicas. O escritor duriense reconheceria hoje quase tudo nesta imagem. Mas a navegação é agora ocasional entretenimento de turistas, enquanto o rio de mau navegar se diluiu nas brumas.

Eiffel, o mítico engenheiro, deixou no Porto reflexos da sua obra. Após a construção da ponte ferroviária D. Maria Pia, actualmente desafectada, foi construída (1886), uma nova travessia do Douro (à esquerda e ao lado), a ponte D. Luís I. Teófilo Seyrig, associado de Eiffel no anterior projecto portuense, ocupou-se da concepção. Sobressaiu, na altura, o arrojo de utilizar dois tabuleiros. Uma empresa belga responsabilizou-se pela construção. Nicolas não leu a revista «O Tripeiro» do Verão de 1963, dedicada às pontes do Porto e desconhecia estes detalhes, mas não precisou deles para se impressionar com tal monumentalidade.

João de Araújo Correia, a writer from upriver in the Douro region, once wrote: «On certain days of the week, the ferry would leave Régua, descending the difficult-to-navigate river all the way to Porto.» The Ribadouro isn't the ferry boat which Correia wrote about, yet he would certainly recognize everything in this image. Navigating the «difficult» Douro is now even an entertainment for tourists, yet the river itself sometimes disappears into the fog.

Gustave Eiffel, the legendary engineer, left examples of his work in Oporto. After the construction of the Dona Maria Pia railroad bridge (which is today out of use), the Dom Luís I bridge was constructed across the Douro River in 1886. Teófilo Seyrig, who worked with Eiffel on the first bridge, was in charge of its design, and he incorporated into his plans a daring suggestion for building two roadways on different levels. A Belgian firm was hired to do the construction. Nicolas knew nothing, perhaps, of these details, but he had no need of them; he was awe-struck by the bridge's grandeur just the same.

O Porto, assim panorâmico, numa oferta intacta e
cerimoniosa, seguro da sua identidade mais recôndita.
A traineira chegou da pesca, descarregou e flutua agora
nas águas do alheamento. No sossego do entardecer
fluvial Nicolas aproveita o privilégio desta cidade,
a que tomou o gosto e, inevitavelmente compara-a
a um vinho. Esta fotografia faz parte desse movimento
em direcção à essência das coisas.

Oporto in panorama, an impressive and ceremonious
presence, proud of its hidden identity. A fishing boat, just
returned from the sea, has unloaded and now floats a bit
aimlessly. In the quiet of a river afternoon, Nicolas allowed
himself the pleasure of enjoying what Oporto has to offer
and took his time savoring its aged flavor. The photograph as
an arrow penetrating the essence of things.

«Quando regresso do mar venho sempre estonteado e cheio de luz que me trespassa», Raul Brandão, que nasceu na
Foz do Douro em 1867, começava assim o seu livro «Os Pescadores». Estas cinco traineiras, que já viveram partidas e
regressos sem conta, evocam as descrições penetrantes do escritor. Nicolas descreve, também ele, a faina e as preocupações
dos pescadores, e os seus pensamentos atravessam com eles a barra.
Nicolas não chegou a saber que esta é uma ponte do meu tempo. Podia ter-lhe contado que uma vez fui com o meu avô
ver as obras de construção da Ponte da Arrábida e esse passeio tomou as proporções de um verdadeiro acontecimento.
Ainda me lembro de regressar a casa à hora do chá com uma fome indiscritível. Certas fotografias podem ter o valor
de um reencontro. Três anos (1960-1963), demorou a construção da ponte, em betão, orgulho da engenharia portuguesa
e sinal de uma nova época. Os elevadores deixaram de funcionar, mas tudo o mais permanece eficiente, nesta obra
que é, no fundo, uma peça clássica.

*Raul Brandão, a Portuguese writer born in the Foz section of Oporto in 1867, opens his book, «The Fishermen,» with the
following line: «When I come back from sea I'm always dizzy, pervaded by light seeming to go right through me.» These five
fishing vessels, which have already seen countless departures and returns, recall Brandão's striking descriptions. Nicolas, too,
describes the work and worries of the fishermen, and his thoughts are with the men as they head out once again.
Nicolas wasn't aware that this bridge – the Arrábida – was built when my generation was growing up. I could have told him
that once I went with my grandfather to see it under construction, that our outing took on the proportions of a real event.
I still remember returning home at tea time with an indescribable hunger. Some photographs bring us back to times long gone.
The Arrábida Bridge was under construction for three years, 1960 to 1963. Built of concrete, it was the pride of Portuguese
engineering at the time, the herald of a new era. The elevators have stopped functioning now, but the rest of the structure still
evidences great efficiency. A classic work.*

A iconografia das velas dos rabelos remete actualmente para as firmas exportadoras de vinho do Porto. Agora, praticamente já não se encontram barcos genuinos, dos que se deixavam apenas conduzir por um arrais experiente. Estas cópias, cumprem, no entanto a sua função de homenagem. Nicolas ficou com vontade de embarcar, cheirou a aventura da descida, e guardou com todo o cuidado um antigo bilhete postal com a legenda: «Porto. Ponte Maria Pia e barco rabelo», o seu verdadeiro motivo de inspiração.

The sails of the rabelo boats are today reserved for the logos of the Port wine companies. These days there are very few genuine rabelos left. Back when they were used to transport wine barrels, only experienced skippers were allowed to captain them downriver. These modern copies are a fitting homage, however. Nicolas wanted to go out on one, imagining the adventure of a river voyage, inspired by an old postcard which he'd held onto bearing the caption: «Oporto: The Maria Pia Bridge and a rabelo.»

Os negócios dos ingleses são tradicionalmente indissociáveis da história do vinho do Porto. Autêntico laboratório para incursões literárias, pertencem a uma legítima herança cultural que se tem vindo a descaracterizar. Subsistem alguns exemplos (e exemplares) desta relação de interesses pródiga em miscigenações, para além dos nomes (Offley, na circunstância) que exigem um dicionário à parte.

The commerce engaged in by Oporto's English residents is inseparable from the history of the Port wine trade. The subject of many fictional literary works, this commerce constitutes a cultural legacy which has been progressively eroded in recent years. Much remains, however, from the dealings between the Portuguese and the English, dealings which, among other things, produced many families of double heritage, as well as some names – Offley comes to mind – not to be found in our usual Portuguese dictionaries.

Nas suas deambulações à beira rio, Nicolas deparou com barcos que nunca havia visto. Os barcos rabelos serviam noutra época, para transportar pipas com vinho desde o Alto Douro até ao Porto. Como ultrapassar o lado meramente decorativo deste «ex-libris»? Poderá o fotógrafo propor um regresso até à época em que os rabelos tinham um significado económico, implicavam uma arte, e faziam parte da vida do próprio rio?

On one of his first outings near the river, Nicolas noticed some boats he'd never seen before. He discovered that they're called rabelos, and these examples are vestiges of a time long gone; in centuries past, they were used to transport barrels of wine from the Douro Region to Oporto. How can we get beyond such obvious decorative beauty to see this noble purpose they once had? Maybe only if the photographer could arrange for us a trip through time to an era when there were artisans who made them, when they were an integral part of the life of the river…

Os ingleses de novo.

A iconografia do vinho do Porto encontra nesta emblemática figura desenhada por George Massiot em 1928, um dos seus expoentes. E no entanto, a atmosfera própria deste mundo com códigos únicos, corre o risco de se dissipar completamente.

A legacy of the English in Oporto once again. One of the most celebrated images associated with the Port wine trade is this emblematic figure designed by George Massiot in 1928. Unfortunately, the singularity of this world of symbols runs the risk of being completely lost.

Nas caves da Sandeman,
esclarecem os roteiros,
encontra-se uma esplanada
com uma fabulosa vista para o
Porto. Os roteiros são pródigos
em adjectivos. As paisagens
acabam por passar bem sem
eles. A tabuleta convida a
entrar, o fotógrafo não hesitou.

*According to city guide books,
the wine cellars of the Sandeman
company have a patio with a
wonderful view across the river
at Oporto. Guide books are full
of adjectives, however, and
landscapes do better without
them. The sign invites us to
enter, of course, and the
photographer didn't hesitate.*

Os armazéns de Gaia guardam vinhos extraordinários. Nicolas fez esta fotografia depois de ter bebido e admirado um desses vinhos. De uma forma geral, os manuais definem-no como «licoroso, produzido na região demarcada do Douro, sob condições derivadas de factores naturais e factores humanos». Desta conjugação de factores depreende-se o papel da criação humana. A distância entre a definição e o temperamento de um vinho pode ser percorrida deste modo.

Os Vintage, os Late Bottled, são vinhos conservados em garrafa; outros há que são conservados em madeira. Neste último caso constituem-se lotes, graças ao talento, à intuição e ao bom gosto de um pequeno grupo de enólogos dotados. O amadurecimento é depois obtido em cascos. Após ter calcorreado o entreposto, Nicolas andou um pouco perdido no interior das caves.

The cellars of Gaia, across the river from Oporto, house some extraordinary vintages. Nicolas took this photograph after drinking – and admiring – one of these great wines. In general, wine guide books describe Port as a «sweet fortified wine produced in the Douro region under specific natural growing conditions.» The role of human creativity in this process cannot be emphasized enough, however. After all, it's what separates definitions from great wines. Vintage and Late-Bottled wines are stored right in the bottle; other wines are stored in wood. In this latter case, they are assigned storage areas according to the talent, intuition and taste of a small group of expert oenologists. Aging is done in casks. Nicolas, after walking around the warehouse, found himself a bit lost in the cellars.

139

Nas margens do Douro, quase ao chegar à foz, fica uma típica aldeia de pescadores: a Afurada. Coexistindo familiarmente com o Porto, esta povoação mantem intactos alguns traços antropológicos próprios da gente da pesca. Este estendal com roupa a secar, demonstra, de algum modo, esses traços. Talvez por isso Nicolas o revele com uma consistência documental.

Along the south bank of the Douro River, close to where it empties into the Atlantic Ocean, is Afurada, a typical Portuguese fishermen's village. On intimate terms with Oporto, just across the river, this village has managed to keep some traditions peculiar to the local fishing industry. This laundry hung out to dry on poles is but one example. Maybe because of these traditions, Nicolas was eager to capture the town with his camera.

Se Nicolas voltasse agora a esta rua, dificilmente a reconheceria. Nem as pessoas se manifestam politicamente com a espontaneidade de outrora, nem os letreiros cumprem a sua função publicitária. O que de bom aconteceu foi a remoção das barracas dos vendedores, substituídas por um bem integrado espaço comercial e de lazer nesta zona dos Clérigos.

If Nicolas were able to return to this street in the Clérigos neighborhood, he'd hardly recognize it today. People no longer demonstrate in the streets like they used to and all the signs are gone. It was a good idea, however, to take out the marketplace stalls that used to be here and build a well-designed square for shopping and eating.

Quando o mercado fica quase despovoado, as caixas de fruta vazias, os restos de hortaliças espalhados pelo chão e todos os lugares de venda se tornam parecidos e indistintos, podemos então satisfazer-nos com a ideia de ter as contas em dia.
O fotógrafo decidiu, fazer das suas, e treinou-se para partir.
À direita, nunca saberemos o que atraía a atenção desta vendedeira reclinada num caixote vazio. O cão, em primeiro plano parece completamente absorvido com os restos que mastiga. Nicolas deparou, desta vez, com um Porto expressionista.

When the people have all left the marketplace, the fruit boxes empty and the floor covered with greens, all the stalls alike and indistinct, we can satisfy ourselves with the idea of having made it through another day. At this point, the photographer was evidently training his lens for their upcoming departure from Oporto.
At right, We'll never know what's caught the attention of this woman sitting on an empty fruit crate. In any case, the dog in front seems completely taken with whatever he's munching on. It's clearly the expressionist side of Oporto which Nicolas happened on this time.

É praticamente impossível
perceber uma cidade, sem lhe
reconhecer os mercados
populares, anotando os
códigos da troca, acedendo,
através deles, a uma dimensão
simbólica essencial. Os vários
mercados do Porto, possuem,
cada qual, um passado
circunscrito à história do
desenvolvimento urbano.
Nicolas interpretou esta ideia,
procurou a essência destes
mercados, o sorriso de uma
vendedeira, o esplendor dos
frutos no começo do Outono…

*Oporto's neighborhood
marketplaces developed here
and there with the expansion
of the city.
I would say that it's practically
impossible to get to know a
European city without some
familiarity with such
marketplaces, without some
understanding of the code used
by buyers and sellers; it's what
can open a door for you to a
town's more symbolic levels.
Nicolas, acting on this
understanding, searched for the
heart of the city's marketplaces
– the smile of a woman selling
flowers, the beauty of fruit stalls
at the beginning of fall…*

Os paredões costeiros, como o molhe de Felgueiras, são muito procurados por pescadores treinados na paciência e na habilidade de tirar das águas sargos e robalos. Fazem parte integrante desta parcela do Porto, junto à Foz. Nicolas fez-lhes companhia durante algum tempo, enquanto apreciou alguns dos mais belos poentes da sua vida.

The walls fronting the sea, like this one by Felgueiras pier, are made good use of by fisherman needing a great deal of patience to extract sea bass and other fish which get tangled in their nets. These men are an integral part of this area of Oporto, near the Foz neighborhood, and Nicolas accompanied them for a time, getting in the bargain one of the most beautiful sunsets he'd ever seen.

A tarefa de coser as redes de pesca é uma ocupação usual nas zonas ribeirinhas. Sempre me demorei a observar os homens nestes preparativos da faina. Lembro-me, com uma sensação desfocada, da primeira vez que vi uma cena semelhante a esta. Nicolas partilha com nitidez essa sensação difícil de exprimir.

The repairing of nets is a common sight in the riverside sections of Oporto. I always pause to watch the men doing their work, and I even have a hazy recollection of the very first time I saw them, many years ago. Something in the photo makes it clear that Nicolas shared the difficult-to-pinpoint emotion I felt at the time.

151

Nicolas sentia necessidade de não se afastar do rio e do mar. Já não sabia ao certo há quanto tempo permanecia no Porto. Tinha cruzado a cidade em muitas direcções. Repetiu encontros, quase obsessivamente. Viu a mulher com o cesto na cabeça afastar-se, e afastou-se com ela. A humidade caiu sobre a objectiva e ele apercebeu-se da dimensão circular de todas as viagens.

Nicolas felt the need to remain close to the river and sea; he no longer knew for sure how long he'd still be in Oporto. He crisscrossed the city and, almost obsessively, went back to see a number of places over and over again. He saw this woman with this basket on her head move away, and he moved away as well. Humidity then clouded up his lens and he seemed to understand the circular nature of all journeys.

Nota dos editores / Publisher's note

Deve-se este livro a várias intervenções de afectividade.

Antes de tudo, o interesse muito peculiar que Nicolas Sapieha – colaborador da Quetzal desde o início, recentemente desaparecido – tinha pelo Porto.

De facto, ao longo dos anos, por cada passagem por esta cidade, Nicolas arrecadava na sua memória fotográfica uma janela, a parede de uma velha casa, a fachada de uma igreja, uma panorâmica pouco vista, captada de relance, ou um conjunto de azulejos.

Do espólio que nos deixou restam pois imagens por vezes imprecisas no tempo (alguns edifícios ou recantos fotografados já desapareceram) e é esse espólio que pretendemos agora revelar, incluindo imagens, frequentemente sem ligação aparente, mas pertencentes todas à personalidade de uma cidade.

Assim nasceu a ideia de solicitar um texto à notável escritora do Porto, Agustina Bessa-Luís, que, compreendendo a heterogeneidade das imagens propostas, nos deu o título do livro, o melhor título para um trabalho com estas características: *O Porto em vários sentidos*. Uma afirmação da singularidade de um livro e de um conjunto de fotografias que não tem outro objectivo senão lembrar uma cidade com características únicas no conjunto das cidades portuguesas, exaltando talvez o que de menos vulgar se oferece aos seus habitantes e a todos os que a visitam.

Eduardo Paz Barroso, também ele do Porto, elaborou os textos que acompanham as fotos, procurando um percurso coerente face à diversidade das imagens.

For many of us, this book was a labor of love.

First and foremost, there was the special affection which Nicolas Sapieha – who worked with Quetzal since its inception until his recent death – had for Oporto. For many years, Nicolas walked throughout the city, guarding images in his camera's memory: a window, the wall of an ancient house, the façade of a church, a panel of tilework or a seldomseen panorama momentarily glimpsed.

In consequence, amidst the photographic legacy which he left us, there are a great many images of a time long gone (capturing, in some cases, hidden corners and buildings which no longer exist). It is this highly varied legacy which we've aimed at presenting in this book. And so, we've included images which may not at first appear to fit into any particular order. Yet they all constitute part of the personality of Oporto.

Then came the idea of asking the renowned writer from Oporto, Agustina Bessa-Luís, for an accompanying text. Keeping in mind the wide-ranging nature of the photographs we intended to publish, she suggested the title of the book. It's a title which, given the book's particular characteristics, seemed just perfect: Oporto many sides. It seemed not only to point to the uniqueness of the book but to the uniqueness, as well, of an oeuvre which had as its only goal capturing of a city of singular characteristics – a place different from all other Portuguese cities – and the celebration of the most unusual facets which it has to offer its residents and those who visit.

Eduardo Paz Barroso, also from Oporto, wrote captions for the photographs which seek to find consistent pathways amongst the diversity of images.

ÍNDICE

CONTENTS